名博说浙江

中共浙江省委对外宣传办公室　编

浙江人民出版社
ZHEJIANG PEOPLE'S PUBLISHING HOUSE

序言

浙江省委常委、宣传部长 茅临生

互联网的迅猛发展，对我国经济、政治、文化和社会建设的影响日益广泛。网络已经成为越来越多人工作、生活的重要工具，成为党和政府了解民情、汇聚民智、密切联系群众的重要渠道。广大网民也因此成为推动社会发展进步的重要力量。

浙江省地处中国东南沿海，素有“鱼米之乡、丝茶之府、文物之邦、旅游胜地”的美誉。在党的改革开放政策指引下，在历届省委、省政府的坚强领导下，浙江深入实施“八八战略”和“创业富民、创新强省”总战略。浙江人以敢闯敢创，敢为天下先的精神，抓住机遇，加快发展，使浙江一跃成为全国体制机制最活、开放程度最高、经济发展最快、人均收入最多的省份之一。浙江推进科学发展、建设惠及全省人民小康社会的创新实践，引起了社会各界包括广大网民的密切关注。

近年来，浙江省委、省政府十分注重发挥网络在汇聚民意、传递民情、集聚民智方面的积极作用和优势，先后实施了领导干部定期与网民在线交流、重点网站网民留言办理等工作制度，以进一步加强新时期的执政能力建设，取得了良好社会反响。目前，多层次、多形式的网络问政活动在浙江已成常态。

浙江的发展不仅需要全省人民的共同参与，而且也离不开全国广大网民的关注和支持。2010年10月，浙江省委外宣办、浙江在线新闻网站联合举办了“人文浙江”专家博客主题笔会活动，邀请了近20位知名网络专家博主来浙采风。通过一周深入的实地采风活动，专家博主纷纷以博客、微博形式，图文并茂真实记录下了在浙江的体验、感受和思考，从表象到内核，精彩阐释了发展实践中独特的“浙江现象”，生动展现了“创业创新”的浙江精神，诚恳提出了具有真知灼见的意见、建议。这些博文发表后即受到众多网民的关注，收到了很好的传播效果。省委书记赵洪祝看了专家博主的涉浙博文后作出专门批示，认为这些博文“无论肯定和赞扬，还是意见和建议，都体现了对浙江的关爱和支持，也是对我们进一步做好工作的激励和鞭策”。

结集出版“人文浙江”专家博客主题笔会的博文，表达了我们对专家博主给力浙江发展的敬意，显示了浙江对网络民意的重视，也为读者审视、解读浙江提供了一个独特视角，很有意义。衷心希望广大网民一如既往地关心浙江，多进有益之言，多献发展之策，与我们一道携手共创更加美好的浙江。

目录 Contents

4 **感悟·品评**

6

第一章

笔会·缘起

Ch
Or

apter
e

“人文浙江”专家博客主题笔会活动概述

“人文浙江”专家博客主题笔会活动由浙江省委对外宣传办公室、浙江在线新闻网站联合主办，共邀请19位知名网络专家博主和人民网、央视网、新浪网、搜狐网、网易网、腾讯网、凤凰网、天涯社区等重点网站博客频道8位负责人参加。

10月22~29日，活动组织来宾赴浙江杭州、台州、金华等地采风，实地了解浙江各地在加快转变经济发展方式、推进生态文明建设等方面取得的最新进展。专家博主通过博客、微博真实记录在浙江的所见、所闻、所思、所感，和全国网友一起见证活力浙江的转型发展、感受生态浙江的秀美景观、体验和谐浙江的城乡家园、探究魅力浙江的人文内涵，为浙江省经济社会发展建言献策。据统计，专家博主撰写微博40篇、博文130余篇，发表文章和见闻记录20多万字、精美图片900多张，相关网页访问量超过百万人次，网民跟帖留言达到4600余条。

采风日程

10月22日（星期五）
下午：专家博主报到　晚上：观看大型歌舞《宋城千古情》

10月23日（星期六）
上午：省委书记赵洪祝看望活动来宾
走访杭州市之江文化创意园（凤凰·创意国际）

10月23日（星期六）
下午：走访阿里巴巴集团，座谈交流；走访中南卡通集团，座谈交流
晚上：京杭大运河杭州段夜游

10月24日（星期日）
上午：赴台州市采风，走访天台山国清寺
下午：走访路桥区南官人文大讲堂，走访浙江泰隆商业银行，座谈交流

10月25日（星期一）
上午：走访杰克控股集团，座谈交流
下午：走访吉奥汽车集团，座谈交流
晚上："名博对话·民营经济"主题沙龙

10月26日（星期二）
上午：赴金华市采风
下午：走访今飞集团、青年集团、万里扬集团，走访艾青故里——金东区傅村镇畈田蒋村

10月27日（星期三）
上午：走访义乌国际商贸城
下午：走访中国（东阳）木雕城，横店影视城秦王宫、清明上河图景区采风
晚上：观看横店影视城梦幻谷演出

10月28日（星期四）
上午：返回杭州市
下午：西溪湿地采风

10月29日（星期五）
全天：专家博主返程

博主寄语浙江

http://blog.people.com.cn/blog/s/281648

郑风田

中国人民大学农业与农村发展学院副院长、博士生导师。

浙江的农村现代化一直走在全国前列，看到了浙江，就看到了我国农村明天的希望！

http://blog.people.com.cn/blog/u/hlsg

周蓬安

“裸体做官”一词首创者。博客连续三年入选人民网十大优秀博客。

浙江民营经济将担当中国崛起的重担！祝浙江的未来更美好！

http://blog.cntv.cn/html/90/825290.html

柴璐

中央电视台节目主持人。

感谢杭州人的智慧，让历史在离我们最近的地方以最安静的方式存在。不伤，亦不远。

http://blog.cntv.cn/html/94/1063094.html

赵普

中央电视台节目主持人。

浙江民营企业之点滴，是一堂创富课。

http://blog.sina.com.cn/pyu2008

裴钰

天津南开大学研究员、中央人民广播电台文化观察员。专栏作家。

在浙江产业结构转型的战略关键期，文化旅游和文化产业应特别重视自身和区域发展的关系，实现产业的国际化升级。

http://blog.sina.com.cn/shishusi

石述思

《工人日报》要闻部主任。资深媒体评论人和策划人。

感受市场，感受改革，感受文化，祝福浙江。

http://blog.sina.com.cn/gehongbing

葛红兵

上海大学教授、博士生导师。学者型作家。

浙江是人文大省，历史与现实资源都非常丰富，文化产业辐射也很强，可领先开发禅修游、养生游、国学修学游等升级产品，形成文化产业高地。

http://blog.sina.com.cn/aa8807

严建设

作家、摄影家。多家网站主持人、版主、特约记者。

浙江好，劝君东南游。春风桃柳诗情满，江南丽影画中留。梦魂上心头。

http://blog.sina.com.cn/wysr2007

五岳散人

中国日报网评论员。

浙江自古以来是人文重地，以人文精神带经济发展，经济发展恒有；以经济发展促人文精神，人文精神光大。两者相辅相成，不可偏废。

http://lhhsosofree.blog.163.com/

李红豪

“90后”专栏作家。

浙江山水甲天下，不到浙江非好汉。仁者乐山，智者乐水，又仁又智者乐浙江。

http://luotianhao99.blog.163.com/

罗天昊

前长江商学院高级研究员。求是《小康·财智》杂志顾问。

虽是旧地重游，仍感新意盎然。民营、民有、民享，乃是浙江灵魂。

http://helongvip.blog.sohu.com/

何龙

《羊城晚报》编委、文艺部主任。专栏作家。

广东完成了经济解放战争，浙江正处于经济建国大业阶段。谁能成功进行制度改造，顺利地与世界先进模式接轨，谁将领跑中国与世界。

http://bianhongdeng.blog.sohu.com/

卞洪登

中国房地产学会副会长。中国宝贝国际投资集团董事长。

浙江省在中国改革开放中摸着石头过河，创造了无数奇迹。

http://user.qzone.qq.com/117550199/infocenter
http://blog.hinews.cn/index.php?uid-912-noframe-1

刚峰

作家。入选腾讯网全国十大意见领袖。

走出钱塘江，跨过长江黄河，越过琼州海峡。祝浙江的民企老板在克服小农经济传统的自身弱点之后，展现钱塘大潮的气派，引领中国、世界的经济潮！

http://user.qzone.qq.com/622007866/infocenter
http://li1882ming.vip.bokee.com/

黎明

凯迪网络评论总监。专栏作家。

人文大省，中国先导。祝福浙江，拜托浙江！

http://user.qzone.qq.com/622004524/infocenter

陈宝存

全国房地产经理人联盟副秘书长、全经联研究院副院长。

浙江之行最大启示在于政府变管理为服务，这是我们必须坚持的一点。市场是尊重浙江人民的努力探索的。

http://user.qzone.qq.com/622007843/

盛大林

《东方今报》编委。知名新闻评论员。

坚持市场导向、民富为先，浙江的努力方向就是中国未来的方向。

http://chunh.blog.tianya.cn

椿桦

《信息时报》评论总编。时事评论员、专栏作家。

浙江各级官员为企业谦逊服务的意识，令人印象深刻。愿这种精神永远保持！

看好浙江，祝福浙江！

http://duanhongbin.blog.tianya.cn

端宏斌

财经专栏作家。

人杰地又灵，文化冠闻名；浙东南北中，江河飞速行。

博主惊开眼，客感东道情；笔写目所观，会闭缘连心。

http://wami.blog.ifeng.com/

王敏

凤凰网博客编辑。

浙江人有情有义有担当；浙江省有人有钱有未来。

第二章

微博·闪言

Ch
Tw

apter
2

椿桦微博记录浙江行

10月22~29日，“人文浙江”专家博客主题笔会期间，我在新浪微博的“日记”，转发如下——

http://blog.tianya.cn/blogger/post_read.asp?BlogID=140232&PostID=27583244

“人文浙江”专家博客行第一天

抵达杭州。10年不见，变化太大。杭州自行车道令我印象深刻，不仅宽，而且禁止汽车占用。杭州公共自行车覆盖密度高，市民免费使用，对环保与缓解公交压力，大有裨益。

“人文浙江”专家博客行第二天

上午，浙江省委书记赵洪祝看望了我们一行。赵洪祝有一句话给我的印象较深。他说：浙江百姓比政府有钱，人民先富了，国家才会强大。这不就是传说中的“藏富于民”吗？都知道浙江民营经济发达，民众比政府有钱是可能的，但事实如何，接下来还得听听民众怎么说。

“人文浙江”专家博客行第三天

抵台州。此地是全国民营银行最多、发展最好的城市。走访泰隆银行，他们专为小企业、个体服务，发展得很好。感叹：这是国有银行的傲慢与高门槛留下的市场空间！

“人文浙江”专家博客行第四天(1)

上午在杰克集团访问。座谈时，我的一句提问让董事长阮福德当场泪流满面，泣不成声。我关注的是企业的家族传承，及其对子女的培养理念。没想到阮董与儿子的关系令他伤感万分（这一插曲引来媒体争相报道）。

“人文浙江”专家博客行第四天(2)

今天访问了台州杰克集团、吉奥汽车集团，参加了民营经济主题对话沙龙。感觉此地人文气氛浓厚，一改从前个私经营者没文化的印象。这里许多企业有专门的职工文化俱乐部，泰隆、杰克甚至有职工创作图书。至于文化沙龙，是常有的事。

“人文浙江”专家博客行第五天

来到金华。这座以火腿闻名的城市，居然还是一座汽车城。是在下孤陋寡闻，还是当地宣传不到位？呵呵，知道金华汽车品牌的请举手。

“人文浙江”专家博客行第六天

走访义乌商贸城、东阳中国木雕城、东阳横店影视城。义乌，一个从“货郎经济”起步的地方，将“鸡毛换糖”的叫卖声喊到了全世界。商贸城里，有联合国常设的采购信息中心，有各个国家的展馆。义乌，天大义博会，永远义博会。

“人文浙江”专家博客行第七天

从横店返回杭州，到西溪湿地乘船观光。很难想象，一个现代化的大都市，一个房价超高的城市，居然保留着如此大面积的生态自然保护区。羡慕杭州人。

“人文浙江”专家博客行第八天

乘坐新开通的高铁离开杭州，上午10点不到即达上海，全程45分钟。博客行到此结束。这次活动的组织工作，堪称完美，印象深刻。别了，浙江！别了，那些曾朝夕相处的朋友！

微博集萃

陈宝存　于10月30日15：54发表微博：

终于回家了。这次出去的时间很长，也结识了很多锐意进取的老板。赞赏浙江、深圳人务实的精神。也赞赏当地政府改变政府职能，致力于为社会与企业服务的做法。管理越少，企业生存的环境越宽松，企业与社会效益才越好。浙江从来没有特殊政策，浙江不是特区，然而浙江的发展值得全国借鉴。

罗天昊　于10月29日09：32发表微博：

对于义乌市场，只有六个字评价：老大，老多，老好。

罗天昊　于10月29日09：29发表微博：

终于见到了传说中的义乌市场。义乌市场贸工结合的模式，使其商品产销如长江之水，连绵不绝。其中，袜子销量占全国的60%。我都怀疑大学时代，那些去寝室推销袜子的哥们，就是在这儿拿的货。

陈宝存　于10月28日07：06发表微博：

浙江人的吃苦耐劳，浙江人的安定踏实，浙江人从小生意做起，做出大事业，值得我们现在迷惘的“80后”、“90后”群体思考。我们考察过的众多企业，老板竟然都是从钉鞋、卖针头线脑，甚至是从挑货郎担开始踏上创业之路，为什么我们不能做呢？

陈宝存　于10月28日07：03发表微博：

“富二代”问题被过度关注是不恰当的，所谓的“富二代”都是纨绔子弟是不公正之说。我曾经质疑过质疑者：你为什么不努力让你的儿女成为“富二代”？“富二代”的父辈创业之艰难，在浙江考察期间给我留下了深刻的印象。

罗天昊　于10月27日13：14发表微博：

小商品，大市场；小义乌，大商城。造就义乌现代国际商城的原因之一，在于其“小商品，大市场”的发展理念。

罗天昊　于10月27日13：13发表微博：

中国企业转型升级的金华样本。此前，金华主要是做汽车配件。现在，金华的轿车等汽车产业，却开始强势崛起，出现了青年、今飞等知名企业。从汽车配件商到汽车巨头，金华的汽车产业，给中国企业的转型提供了思路：即使是传统产业，亦可以通过延伸产业链，完成转型，并非一定要“腾笼换鸟”。

陈宝存　于10月27日05：11发表微博：

我们走访了杭州、金华，及台州路桥、椒江，没时间考察“一元廉租房”首创地——临海。据临海市建设局党委委员赵存辉解释，此前媒体报道临海“一元廉租房”有误，其实不是每月每套廉租房租金1元，而是每月每平方米租金1元，而且租赁对象限定为低保无房户、一至二级残疾人、75周岁以上孤寡老人和军烈家属等。

陈宝存 于10月27日05：10发表微博：

我们走访了吉奥汽车、青年集团、今飞集团。浙江中小民营企业对汽车行业的执著令我们十分敬仰。同时，他们对于楼市投资的追捧，在与他们的接触中表现得尤其明显。传统消费领域基本已经成熟，那么未来几十年，住房和汽车行业也将逐渐深入寻常百姓家。

罗天昊 于10月27日01：25发表微博：

著名浙江企业家阮福德感叹，孩子多年来与自己疏远，不愿意接手现在的产业。事实上，正是二代对于父辈的变异，才是未来的希望。茅忠群抛弃了打火机业务，造就了方太的厨具王者地位，实现了产业转移。阮福德表示要选择管理层接班，客观上完成了企业治权的转移。

葛红兵 于10月26日19：04发表微博：

网商集聚区、国际展销区、生产资料市场等，义乌正在实践服务高档化，市场功能多样化、综合化。

葛红兵 于10月26日18：51发表微博：

义乌从农业小县到经济强势地区，直至成为全球最大的小商品市场。

葛红兵 于10月26日18：43发表微博：

义乌市的小商品市场，1000亿元工业收入。哇！无缝内衣产量占世界总量的80%。现有16大类、170万种商品。

石述思 于10月26日17：12发表微博：

告别浙江，告别中国离市场经济最近的地方。这里不仅是商人的课堂，更是官员的课堂。在一个官员最不像官员的地方，创造了商人最像商人的奇迹。

何龙 于10月26日01：11发表微博：

我们一直希望“国退民进，还富于民”。今晚参加在台州的一个座谈会，听台州方面介绍，这两样似乎都做到了，或者说都接近了。老百姓若贫穷，GDP无意义。希望台州模式能够辐射中国。

罗天昊 于10月26日01：02发表微博：

台州吉奥，如何在鲨鱼嘴边长大？在吉利的发祥地台州，有一家名为吉奥的汽车企业，近年来异军突起。与吉利渊源颇深的吉奥，为何能够在强者身边长大？其秘诀在于错位竞争。吉奥深得吉利善于寻找市场空间的精髓，但其主业却避免与吉利竞争，由此共存共荣。

石述思 于10月25日23：24发表微博：

浙商的成功再度证明：只要政府能放弃本不该拥有的权力，不随意干预微观经济，商业就能持续健康发展。

郭杏娜 于10月25日20：53发表微博：

台州居然有民营银行、民营汽车，太大胆了，有狼性。台州人低调、不张扬。

盛大林 于10月25日13：20发表微博：

上午参观台州杰克集团，并与集团董事长阮福德等座谈。午饭后接受《台州商报》的采访，谈了对台州及浙江的两点印象：一是台州及浙江民营企业家干事创业的拼搏精神给我留下了深刻印象；二是台州政府“无为而治”，敢闯敢试、敢于担当的精神让我深以为然。

赵普 于10月25日11：10发表微博：

几个补鞋匠何以成就大企业？这在浙江台州不是孤例，而是一种现象。这让我想起我的家乡——安徽当年也有很多修伞匠、补锅匠，也是风雨兼程，也是坎坷跌撞，却没有实现更大的发展。这是为什么？

赵普 于10月25日10：50发表微博：

在台州的一家叫杰克的缝纫企业座谈，刚兼并完德国同类企业的老总对发展前景信心满满。阮氏三兄弟当年在东北靠补鞋为生，掘出创业第一桶金。1985年回乡创办家庭企业，一路跌跌撞撞发展至今，预计明年产值达25亿元。

葛红兵 于10月25日10：34发表微博：

阮福德董事长曾在东北补鞋五年，如今产销13亿元。

罗天昊 于10月25日07：32发表微博：

呼唤中国的“尤努斯”。近几年来，浙江泰隆银行迅速崛起，这家银行主要为小企业提供小额贷款，被寄望为“中国的尤努斯”。中国拥有庞大的小企业群体，同时小企业生存艰难，难以获得帮助。泰隆银行目前在民营经济比较发达、商业环境比较宽容的浙江生根，如将来能够推行全国，则是广大中小企业的福音。

罗天昊 于10月24日20：27发表微博：

浙江民营经济如何转型？浙江是中国民营经济最发达的地区。浙江经济的转型，亦主要涉及民营经济，同时，由于传统产业在民营经济中的主导地位，故浙江民营经济的转型。以传统产业的转型为主，以发展新兴产业为辅。中国广袤的消费市场，则是民营经济完成转型的强大根基。

罗天昊　于10月24日07：38　发表微博：

日照中南？昨天去一家浙江文化企业——中南动漫参观，大楼外贴有一标语“日照中南”。文化产业的发展，除资金外，更需要开放与包容的心态、浓厚的社会文化氛围。香港、蒙特利尔等多元文化之城，亦是世界创意之都，绝非偶然。杭州要成为文化产业重地，亦需多元开放的整体社会氛围。“日照中南”，充满隐喻。

裴钰　于10月23日10：17发表微博：

刚才，我向浙江省委书记赵洪祝建议：浙江对世界遗产的合理保护和合理利用，应该基于自身发展优势，做出表率。一个是江郎山，应合理规划；一个是西湖，需加快“申遗”步伐。

葛红兵　于10月23日09：50发表微博：

创业富民，创新强省，富民第一。

郭杏娜　于10月23日09：48发表微博：

浙江省新增财力的70%用于民生建设。

葛红兵　于10月23日09：47发表微博：

大力加强生态省建设、生态文明建设。生态文明可看作社会发展形态，工业文明后的新形态。绿色城镇，美丽乡村。6月30日为浙江省生态日。新年后第一个工作日为植树日。

葛红兵 于10月23日09：37发表微博：

浙江加快转型升级。“低、小、散”向“集、聚、大型化”转变，设十四大产业集聚区。块状经济特色，向现代产业群发展，设42块。九大新产业规划。无特区，无大项目，无特殊政策。循环、海洋、技术工程创新三项改革。11个市加义乌市进行改革。中心镇200个、20个小城市改革，探索城市化新路。设村务监督委员会。

葛红兵 于10月23日09：19发表微博：

浙江自东汉以来出作家、名人1000多人。经济大省，人均产值6335美元，农民人均收入1万余元。民营大省，民营经济占经济总量的70%。市场经济大省，全省建有4000多个市场。制造业大省。外向型经济大省，约有150万浙江人在国外，向国内投资额达万亿元。

葛红兵 于10月23日09：09发表微博：

赵洪祝先生对博客写作这种形式很了解，也很肯定。

陈宝存 于10月22日22：40发表微博：

从事旅游行业15年，居然是第一次来杭州；而且在文艺团体生活近10年，还能对《宋城千古情》演出感触良多。尤其是当今人造景点众多，但是成功者甚少的情况下，宋城景区的成功值得我们思考。

盛大林　于10月22日22：17发表微博：

今晚观看了杭州宋城的歌舞表演《宋城千古情》。美轮美奂的西湖风情、激昂悲壮的金戈铁马、如梦似幻的时光隧道……看着看着，就想起了“西湖歌舞几时休”的诗句，真让俺“直把杭州作汴州”了！该剧获得过“五个一工程”奖，要赞一下！

五岳散人　于10月22日15：32发表微博：

到了杭州，住在满觉陇边的度假酒店。这里似乎是杭州桂花极盛之地，虽然金桂已经过季，空气中还有桂花淡淡的甜香。窗外树木葱茏，算是个好时节吧，颇有静心之效。

第三章

采风·记述

Ch
Th

apter
ee
3

走浙江 话浙杭

http://gangfeng.qzone.qq.com/
刚峰

在事隔20多年后，与西湖的重逢，竟然是在一个阴霾天。

10月21日，下午3点，我登上雷峰塔，举目俯瞰，那闻名于世，具有2000多年历史风韵，让天下无数文人墨客吟咏的西湖山水风光，却是以这样的一种阴柔、惆怅姿态映入我的眼帘。

时间总是撞伤人眼帘，1986年即将大学毕业时，我与同学有幸曾与西湖有过一次匆忙邂逅。依稀记得，也是在一个阴霾天里。只是，那时的我还是一个即将步入社会的青年，带着青春匆促的脚步，匆匆而来又匆匆而去，西湖那美丽的风光并没在我的脑海里留下什么刻骨铭心的记忆！

这一次，我应邀而来参加“人文浙江”博客笔会，在经历了人生20多年的坎坷与磨难后，在熟读历史与人生这本厚重的杂书后，带着中年的憧憬、渴望与积累，与西湖重逢。只是没有想到，老天爷依然不赏脸，展现给我的依然还是这般的阴柔与婉约……

其实，杭州作为有着2200年建城历史的七大古都之一，有着太多的人文景观与丰腴多彩的风光。

在这座位于钱塘江下游、京杭大运河南端的古城里，遍布着古代亭、园、楼、阁、塔、寺、泉、壑、石窟、摩崖碑刻；灵隐寺、六和塔、飞来峰、岳王庙、西泠印社、龙井、虎跑等最为著名的历史名胜。它们或万千姿态、蔚然奇观，或山清水秀、风情万般，给游人留下深刻的记忆。

然而，我却对西湖情有独钟。

西湖，不仅以她的三面云山，一水抱城的山光水色，独迷天下；还以她“浓妆淡抹总相宜”的自然风情下所蕴涵的历史，不仅代表着杭州这座古城的灵魂，而且还系载着中华民族一个重大的历史转折！

当赵氏皇朝匆匆忙忙将北宋皇宫从开封迁到山灵水秀的西湖畔，把杭州改名为临安并建都于此，从此，便成了民族文明的一个重要转折点。

华夏民族的政治经济文化中心，一直沿着黄河而下，从咸阳、西安、洛阳、许昌，至开封。当黄河的溃滥，导致百姓怨声载道；当长城土墙挡不住游牧民族铁骑的入侵，中华民族的政治文化经济中心便自然地从苍劲的黄河转向灵秀的长江流域，这是历史的必然。

纵然此后的政治皇城有过几次迁移，但文化与经济的灵魂却一直停留在江南水乡……

以西湖水韵为灵魂的杭州，呈现出风调雨顺的江南最精髓的美丽，也在苍雄的华夏民族性格中增添了一分阴柔的灵气；北方商贾大亨、文人墨客如潮水般地涌入，又给飘逸的西湖，注入一段段历史的厚重！

孔庙的南迁，佛家的经卷与香火，儒佛文化的千年熏陶，让西湖成为天下湖光山色人文之首。形成于南宋时期的西湖十景，依湖而布局：苏堤春晓、曲苑风荷、平湖秋月、断桥残雪、柳浪闻莺、花港观鱼、雷峰夕照、双峰插云、南屏晚钟、三潭印月，每一景都是一段历史，蕴涵一段人文情怀，荟萃于杭州城内外，赋予了浙江人特有的灵秀气质。

在浙江人独有的儒雅、精明和吃苦能干，及所创造出来的经济奇迹中，无不体现西湖千年来的历史积淀！

西子湖畔慵怡人生

其实，一座城市的幸福指数不只在于城市的外表。

读一座城市，犹如一个成熟男人品味女人，过了少年时对外在美丽的憧憬与躁望，内在气质的诱惑往往让中年男人难以抵抗。

西子湖畔的杭州城，虽然经历了千年的磨蚀，但在我的眼中却依旧犹如一位风韵犹存的少妇。那山湖秋色中来来往往的市民所透露出来的现状与气质，吸引着我的思绪与情愫。

22日上午，我一个人沿着西湖边的街道漫步，不仅欣赏湖畔秋色美景，而且还融入杭州城内芸芸众生中去体验这座城市的生活。无论是坐在公交车上，还是乘坐出租车与的哥交流，以及在湖畔与往来游客搭讪，杭州城内居民所展现出来的一种慵懒、一种怡然自得的生活状态令我惊奇。

没有了在北京漂泊时的艰难，没有在上海拥堵时的浮躁，也没有在深圳赚钱的紧张，杭州城内的百姓有着我们海南岛岛民的知足。在两三万价格的房地产巨浪中，还能如此悠悠哉哉，真是难得有这样一分定力！

也许这就是杭州吧。在1000年前南宋王朝在北边辽金蒙的战火中，还能“隔江犹唱后庭花”，坚守100多年，虽摇曳但却不倒，杭州城的这分慵懒是任何城市也难以比拟的。

也许，这就是杭州百姓对生活的理解！也许，这也正是上海等许多其他城市居民愿意入住杭州的一个重要因素吧！

江南游，忆杭州

http://blog.sina.com.cn/s/blog_4c1104ee0100m36k.html

严建设

飞机顺利抵达萧山国际机场上空，虽遭遇气流稍有颠簸，但一切还比较顺利。阴天，云层上面晴空万里，云层下面黑云压城。飞机刺破云层拐弯下降之际，我从舷窗看到了阡陌纵横的原野和鳞次栉比的房屋，那就是我们的锦绣山河。

顺利找到接站美女，顺利登上奔驰中巴，顺利驶出机场。我先与几位各大网站的漂亮美眉互换名片，接着照例在车中抢拍。机场高速两侧是萧山地界。按下玻璃，能看到秋日的田野，几处荒草丛生，几处长着南方嫩绿色的甘蔗林，能与北方的青纱帐媲美。

公路边不断掠过一些独立小洋楼，很多有四五层，还建有哥特式塔顶，粗看其风格跟童年时代玩过的积木一样，有的呈轴对称，有的结构很欧化。积习难改，端起相机乱拍。与司机聊起，说这很多都是当地农民于20世纪八九十年代盖的。那时是改革开放初期，与杭州隔江相望的萧山农民，大都种苗木花卉蔬菜水果，发财后的第一件事就是盖房子。如今掘到第一桶金的农民大部分都在搞民营企业，以制造业为主。20多年前的年收入就很高，可达到数万、10多万。

看到这些房子，想起邓小平在20世纪70年代末期东访日本，曾在新干线两边的田野上看到一些精致的小二层楼。了解得知是日本普通农民的住宅，邓公颇感慨，觉得中国的改革开放势在必行。而当初中国的农民绝大部分住不起瓦房，尤其是艰难困苦的北方农民，很多住在茅草房子里，苦干一年的收入不过几十元钱。谁曾想，20多年后的今天，我看到萧山农民住宅比我在日本看到的日本农民房子还漂亮，其内部空间肯定还要大。当然我不太清楚内部的装修情况和卫浴设施，无法进行比对。

车子不觉进入杭州市区。我想，若邓公在天之灵有知，看到中国农民的房子比日本农民住宅漂亮的话，必会发出欣慰的微笑。

可怜逛杭州日程紧　透车窗遥望西湖

我梦中的西湖啊，自从童年在遥远的北方曾阅读浪漫才子郭沫若在西湖的“艳遇”后，就从侧面得知西湖的迷离和浪漫。我向往西湖。

30年前，在春风拂面的人间四月天，我携新婚妻子带着海鸥4B牌双镜头反光照相机，带着大茶缸、熟鸡蛋、面包和西瓜子，兴冲冲踏上旅南之途。那年我俩旅行结婚，当时筹划的最后一站就是杭州。来过之后大开眼界，当时就认定杭州是最宜于居住之地，晴雨皆妙，是我梦牵魂绕之地。

此次旅南，因日程安排得颇紧，无缘亲近西湖，只能在路过时，听陪同介绍西湖。我从郁郁葱葱的法国梧桐枝梢上看到了玲珑剔透的保俶塔，才知西湖到了。怎么观西湖？苦于不能停车，哪怕只10分钟，引我去漫步西子湖畔，看看花港观鱼、平湖秋月、断桥残雪、古木运井；细细观赏秋池残荷，观秋雨迷茫山色空濛，用手掬一捧西湖水以解乡愁，或发思古之幽情，或写几句歪诗也说不定。最后只得从被秋雨扑得迷茫的车窗里，从秋叶飘零的法国梧桐缝隙里，从一晃而过的车流里仓促看一眼我梦中的西子湖。当然，亲睹西湖能让人联想起无数脍炙人口的古典诗词以及神话传说。

那个多雨的晚秋季节，7天里跑了不少地方，唯独没能亲近西湖，甚感遗憾。可怜我趁堵车的间隙，隔着车窗玻璃胡乱拍了几张西湖。下次旅杭，我非得找个板凳在西湖边从清晨坐到繁星满天，谁管着？

惊艳《宋城千古情》

http://blog.sina.com.cn/s/blog_4c1104ee0100m2lm.html
http://blog.sina.com.cn/s/blog_4c1104ee0100m1u0.html

严建设

到杭州的当晚，去宋城观看大型歌舞表演《宋城千古情》。我赴杭前夕曾百度过，心里认定是融歌舞、杂技、马戏、体操、武打等于一体的综合表演，暗暗推定此类表演与登封的《禅宗少林》、临潼的《长恨歌》等超大型实景演出差不多，也许还类似昆明的《云南印象》。

宋城内外竟人山人海，摩肩接踵，热闹非凡。看过演出后，感觉赏心悦目。表演时使用了三维激光效果，场面更逼真，舞蹈动作花样频出，道具五彩斑斓，美女腰肢窈窕、柳眉星眼，连真马都骑上舞台往来奔驰。个别场景跟我在日本看的四维电影效果差不多。水雾水滴飞流直下，视觉冲击很是强悍，惊得我慌忙把照相机揣进怀里。

南方女子与北方女子的表演还是有区别的。南方的女子更水灵、更具女人味、更妩媚撩人。若有看过赵雅芝版《新白娘子传奇》的话，对赵雅芝抒情、缠绵悱恻、柔情万种的表演一定记忆犹新，对她肌肤如雪、巧指如兰、眼目含情、翠黛微颦的表演一定难忘。

下次我若来杭，还会再看。

通过百度得知：

《宋城千古情》是宋城集团倾力打造的一台立体全景式大型歌舞，获得国家“五个一工程”奖、舞蹈最高奖荷花奖。该剧以杭州的历史典故、神话传说为基点，融合世界歌舞、杂技艺术于一体，运用了现代高科技手段营造如梦似幻的意境，给人以强烈的视觉震撼。2009年，《宋城千古情》全年演出1331场，游客人数超过260万人次。推出至今累计演出1万余场，接待观众2200余万人次，是目前世界上年演出场次最多和观众接待量最大的剧场演出，被海外媒体誉为与拉斯维加斯“O”秀、法国“红磨坊”比肩的“世界三大名秀”之一。

散场后夜深了，西风渐紧，黄叶翩飞，我随大家夜游宋城。我想逛过宋城的人不少，大都是在大白天、阳光灿烂的日子里。灯火迷离的夜晚虽也有人在逛，但看到惨淡的灯光下出现令人毛骨悚然的兰若寺倒不免毛发倒竖。

起先还不错，跟一名美女导游依次看过绞麦芽糖、擂糍粑、编草鞋、木雕、古戏台、小吃街、九德堂、四眼井、吹埙、铁匠铺、酿酒屋等

场景，最后到了兰若寺。那是幢仿古的瓦屋，门匾上写着“聊斋惊魂”四个触目惊心的大字。

相信诸君对兰若寺的印象里都有倩女幽魂的影子。在很多闹鬼的恐怖传说里都会出现兰若寺。兰若寺是千年树妖姥姥管辖处，树妖操控手下美丽女鬼诱得男人行床第之欢以吸取他们的阳精。书生宁采臣借宿兰若寺，偶遇道士燕赤霞，并与姥姥手下的女鬼聂小倩邂逅相恋，抒写了一场凄美缠绵的人鬼恋。所以看到“兰若寺”三字难免心惊胆战，怀疑身后跟有怪异可疑之物，于是疑神疑鬼地四处观察，一有风吹草动，嗓子里就憋着一声壮胆子的呐喊。记得鲁迅童年时的意愿是被漂亮女鬼迷住，然后再设法驱鬼。

当然，我们人多，基本没见到可疑之物。但接着接连看到斜屋、怪街等，最可怖的是人进去便失踪的屋子，只剩一颗头颅。这都是我夜游宋城亲眼见的。

赵洪祝和博主见面，谈浙江经济如数家珍*

http://blog.people.com.cn/blog/c1/s45461,w1289796184810595

周蓬安

10月23日上午9点，浙江省委书记、省人大常委会主任赵洪祝在省人民大会堂看望了“人文浙江”专家博客主题笔会的专家博主和网站负责人。省委常委、宣传部部长茅临生等一同前往。

赵洪祝高度肯定了博客的作用。他说，近年来，博客作为信息量大、传播速度快、公众参与度高的网络交流方式，影响力越来越大。博客已经成为人民群众传播思想、发表言论、沟通交流的重要方式，成为党和政府掌握民声、了解民情、会聚民意的重要渠道，在推动社会主义民主政治建设方面发挥了重要的作用。

而给在座博主留下最深刻印象的，则是赵洪祝书记对浙江经济如数家珍般的介绍。

首先，作为省委书记，赵洪祝带着对浙江经济和社会良性发展的自豪感，介绍了浙江经济的总体特点。

第一个特点是浙江民营经济处于全国领先地位。2009年，全国民营企业500强中，浙江占了182席；全国民营企业综合竞争力前50强中，浙江有25席。2010年初，中国企业家协会评选出的制造业十强中，浙江企业排第一位，制造业企业数也是占第一位。浙江省生产总值的70%、税收的60%、新增就业岗位的90%均来自于民营经济。浙江民营经济总产值、销售总额、社会消费品零售总额和出口创汇额四项最能反映民营经济实力的指标，连续11年居全国第一。

第二个特点是市场化程度高。浙江省具有相当销售规模的市场就有4000多家，2009年销售额超过1.1万亿元。笔者了解到，浙江省年销售额超百亿元的市场就有18个，市场成交总额、单个市场成交额连续19年居全国第一。

第三个特点是制造业门类齐全。浙江工业门类齐全，机械、化工、纺织、服装、食品饮料、生物医药在全国较有优势，尤其是纺织、服装行业比较突出。

第四个特点是外向型经济活跃。在世界500强中，就有89家在浙江建立了233家企业，包括加工企业和贸易企业。浙江企业也在130多个国家和地区建立了410多家企业。“走出去”让浙商在省外及境外的

*注：文中赵洪祝书记的讲话内容根据现场手机录音整理，请以浙江官方发布的信息为准。

投资已经形成规模。目前约有440万名浙商在全国各地投资创业，100万名浙商在境外经商。浙江民营经济在省外、境外分别创造的财富总量与浙江全年的生产总值相仿，相当于分别在省外、国外再造了一个浙江。

其次，赵洪祝以决策者的身份，介绍了浙江省在国际金融危机中所采取的积极、有效的应对措施。

由于浙江是一个民营经济强省，又是一个外向型经济大省，全省经济对外贸的依存度高达70%，金融危机发生后，2009年第一季度浙江GDP增速曾跌至3.4%。和浙江处于差不多水平的只有同样对外贸依赖度极高的上海和能源大省山西。

浙江省在此次金融危机中，迅速采取了“十策”，主要是：（一）提振信心，提升企业信心；（二）开拓市场，巩固扩大国际市场，全面进军国内市场，做牢做实省内市场；（三）扩大投资，不但拉动内需，还可以借此调整全省的产业结构。此外，如促进城乡居民消费；采取一些减、免、停、缓的措施帮扶企业；加大创新发展的支持力度；优化产业结构的调整等，都为浙江外向型企业迅速走出困境提供了实实在在的帮助。

再次，赵洪祝自信地介绍了当前浙江经济总体发展态势。

第一个特点是快中见稳。2010年第一季度，全省GDP增速高达15%，主要因为2009年同期基数仅为3.4%；而第二季度为11.7%，第三季度为12.5%。这些数据表明，浙江推进经济转型升级的成效正在逐步显现，经济运行正在转入平稳较快增长的轨道。

第二个特点是稳中见忧。人民币汇率升值的影响已经体现出来，因为浙江的民营经济和中小企业多，出口企业的利润率为3%～5%，人民币升值对浙江外向型经济的影响很大。此外，利率的调整，对浙江中小企业的影响也是相当不利的。

第三个特点是变忧为机。针对人民币升值及上调利率所带来的不利影响，浙江省委、省政府已经高度重视，冷静观察，积极应对，扎实工作，希望变忧为机。

最后，赵洪祝还介绍了浙江“块状经济”的现状。

目前浙江全省共有年销售收入超5亿元的“块状经济”460多处，有年销售收入10亿元以上的“块状经济”300多处，实现年销售收入3万亿元。

但这还不算是现代产业集群，因为产业集群的最大特点，是要有研发中心，有服务体系，有龙头骨干企业带动，还要有金融服务网络。2009年，浙江省确定建设了21个产业集群，2010年又增加了21个，总共是42个。

此外，赵洪祝还向与会人员介绍了浙江经济和社会发展的其他情况。

赵洪祝书记的介绍，让我们粗略地了解到浙江经济和社会发展的现状，对于后面的采风活动起到了指导性作用。

赵洪祝书记近50分钟的即席发言，语速虽不是很快，但却极为流畅，对浙江经济和社会发展情况滔滔不绝、如数家珍般的介绍，令笔者不禁联想到2009年底参加"嬗变中的昆明"网络专家博客笔会时的一幕。云南省委常委、昆明市委书记仇和在与博主们见面时，约50分钟的演讲也是手中无讲稿，话题涉及区域经济一体化条件下昆明的优势和发展趋势，信息化与工业化、城市化、市场化、国际化，经济改革与政治改革等内容，尤其是大量数据的引用，令会计专业毕业并长期从事经济管理工作的笔者感到汗颜。

看样子，当大领导也不容易啊。有朋友也因此讪笑我，你要能记得住这么多的数据和这么多的规定，也不会总不进步了。

浙江省委书记的忧虑

http://blog.sina.com.cn/s/blog_4fcb878a0100lobz.html

石述思

新浪网友：挺实在的一篇文章。跟浙江人做生意多了，大抵也了解，那边的生意观念比广东开阔多了。不久的将来超越广东也未尝不可能啊。

海天渔歌：浙江面积全国倒数第四（只计陆域不计海域）。海洋经济是浙江未来发展的希望所在！

孤独中行走：嗯，真实，诚恳。浙江的确面临经济转型的困扰，而且创新力度还不够，相对江苏还有进步空间。我认为很大原因是江苏是教育大省，具有良好的人才资源。当然，投资教育是长远规划，可能不能解决燃眉之急，那要拜托像老石这样的人，为我们浙江出谋划策啦！

受浙江在线网站邀请，各路网络牛人云集杭州，开始了“人文浙江”的考察之旅。

作为博客新人，我是第一次参加这样的行动，尽管曾到访浙江多次，感觉还是相当新鲜。

省委书记赵洪祝会见了大家。他很低调务实，从北京来浙江工作3年多，不少同行的博友还是觉得这个名字有些陌生和神秘。

赵书记十分亲切谦和。他先说，这些天和常委们一直在开会研究全省经济转型升级问题；并花了很长的时间介绍了浙江，特别注意用事实和数据说话，原则性和灵活性把握得很到位。有三个词给我留下了深刻印象：市场、改革和生态，这似乎也预示着未来浙江经济发展的方向。

然后赵书记谈了自己的忧虑，都与目前金融形势有关。一是人民币的升值；二是利率的上扬。最后他说了一句动情的话：企业的压力大啊！

这也丰富了我对浙商的总体印象。

在2009年的《浙江经济日志》上，这样一组数据给我留下了深刻印象：全省非公企业贡献了六成的GDP、七成的税收，吸纳了九成的新增就业。

也就是说，非公经济是浙江发展的关键引擎。而目前国内外金融形势都在“威胁”以制造业为主的浙商微薄的利润。尽管有倒逼升级之功效，但在缺乏核心技术、全球品牌的背景下，加上法治市场经济环境亟待完善，投资拉动经济增长的政绩冲动带来的急功近利风潮，这无疑是一段充满艰辛的苦旅。

但我还是相信浙江能在全国领先突围。

有人调侃说，有人的地方就会有浙商。这说明浙商的开放意识、市场观念、勤勉精神是令人感佩的，而在此基础上形成了诚信互助、抱团发展的独特文化，在国内外市场不断上演“蚂蚁扳倒大象”的传奇，连炒房客都被叫成“温州团”。很多学者将浙商的崛起归为其商业天赋和富有中国人情社会特质的企业文化。

显然，在改革进入体制“深水区”的今天，这样的总结越来越显示出“先天不足”。浙江本身不独受上苍青睐，面积位列全国倒数第四，且土地结构为“七山二水一分田”，自然资源相对匮乏，2009年GDP却位列全国第四。其背后的关键奥秘是相对宽松良好的政商关系。

首先，这样的幅员状况决定了政府直接掌控的资源相对贫乏，要想有所作为，就必须创造符合市场经济规律的政策环境，为企业家的健康成长铺路搭桥。

除了制度的推进，也形成了独特的官场文化——自觉地将自己的仕途与企业家的命运捆绑在一起，共生共荣，因此政商之间的关系相对平等，依法行政的水平也在全国领先。在浙江省东部经济发达的地区，很少听说有企业家或投资者被当成“唐僧肉”痛“宰”的。

在2010年的胡润富豪排行榜上，来自浙江的实业家宗庆后以800亿元身家位列榜首。这比房地产商领跑排行榜让人欣慰。

2009年第一季度，受金融危机冲击，浙江的GDP增速创下新低——3.4%，回忆起来，不少浙江高官都觉后怕。他们提出的解决方案是：不盲目靠投资推动基建和房地产实现短期繁荣，而是动用一切资源帮助企业，带动实业寻找新的突破口。2009年底，浙江的GDP增幅便靠市场的力量超越了全国平均值。

赵洪祝书记的忧虑也是因企业而生，因市场而生，开出的药方是改革和低碳。前者更为敏感和关键。

在随后的行走中，我萌生了更多的信心。无论在杭州还是台州，陪同的官员们在饭桌上常流露出对部分内地官员的“羡慕”，说他们官威足，权力大，并略带讽刺地调侃：那才像当官的呢。而说到自己时，都是这样的：我们都是企业的服务员。这话没“为人民服务”那么高调动人，但充满着让人信服的务实和真诚。而浙江商人在谈到到内地寻求发展时，最担心的也是当地的政治生态。

尽管按照法治市场经济的要求，浙江的体制变革还有很长的路要走，但至少在目前，相对于大多数省份，在这里经商是幸福的。

君子十年：浙江是领跑全国经济的发动机之一，期待浙江能够闯出体制改革的新路径。

零度视角：尽管按照法治市场经济的要求，浙江的体制变革还有很长的路要走，但至少在目前，相对于大多数省份，在这里经商是幸福的。读你的文章也是幸福的。

思思：我们需要好的企业家和企业。政府要创造适宜的环境让他们在市场中能够自然地成长壮大，造福人类。

新浪网友：浙江人能干是事实。人口众多，地域狭小，资源相对贫乏，连续多年经济总量领先，为国家作出了巨大贡献。我想那里的领导也一定费了心机，为企业着想、为民众着想的力度是其他省份所不及的。越是发达的地区越有能干的带头人，越是发达的国家越有英明的领袖，这是常识。

化腐朽为神奇的之江文化创意园

http://blog.sina.com.cn/s/blog_4c1104ee0100m7bz.html

严建设

濛濛秋雨中，我们来自全国各地的博客专家进入之江文化创意园。据说这里曾是个废弃的水泥厂，水泥墙上20世纪60年代的革命标语清晰能见。现在搞了个创意园，有一块区域免费提供给当地的大学生作创业基地，很不错。

创意园以信息服务、动漫游戏、设计服务、现代传媒、艺术品、教育培训、文化休闲旅游以及文化会展等为主题，把一个荒芜的工厂做成了如今这个艺术境界很高的地方。据介绍，杭州市政府曾拨付2个多亿的专项启动资金扶助文化创意项目468个，以此为契机，撬动社会投资约60亿元。

然后我们看了微缩模具模型区、高仿真古画区、玩具区等。有些很精致。如今人们口袋里有钱了，都想恶补过去疏忽的文化。里面面积较大，得乘电瓶车游逛。参观了几个展区后，我们聚拢在咖啡厅饮茶闲聊，算是小憩一番。

听阿里巴巴副总裁讲商战全球战略

http://blog.sina.com.cn/s/blog_4c1104ee0100m7jm.html

严建设

自从接到活动行程表后，渴望看看阿里巴巴内部的心情骤然升温。不止一个人说过，一个财务报表不行的企业是不值一提的……而阿里巴巴同样是搞网络的，2009年营业收入将近40亿元。其如何做到双赢，还得眼见为实。

作为一介网民，走出去看看人家是怎么做的、如何把虚拟的世界变为能产生真金白银的现实，若非有点石成金、撒豆成兵的魔术，就真的令人匪夷所思。此次阿里巴巴之行，最遗憾的是没见着跨网络与商界、传奇式神话人物马云，据说出差了。

步入阿里巴巴大门，迎面而来的是铺天盖地的镂空装饰，像冰凌花图案，也像蜂巢。院落里有青铜的人体雕塑，其手臂显然是被夸张地拉长了。来到阿里巴巴看到的一切都颇感新奇，包括无处不在的阿里巴巴标识以及厕所的男女标识。在大楼里兜了一圈后，最后在一座仿古建的光明顶大厅里听介绍。

李俊凌博士是阿里巴巴的副总裁，精明干练、彬彬有礼，西服革履，小平头，戴眼镜，眼睛有点小，跟孙红雷一样。其口才一流，开讲起来引经据典，纵横捭阖，颇吸引人。我边听讲，边走来走去忙着拍照留念，还不知何年何月能再来此地呢。

光明顶大厅里最引人瞩目的是巨大的LED显示屏幕。居中是旋转地球的局部，两边分别有标注全国各地地名、各类数据的中国地图，下面有6块财务数据显示框，都在不停地变动。右边那块中国地图最引人瞩目，有各类大小不等的商品商标在上面飘移。据李俊凌博士解释，那商品品名飘移最慢的，就是成交率最高的；商品品名最大的，也就是成交量最大的。一目了然，大家看得兴致盎然。

当然，这种讲演不可能不罗列大量数据来说明问题，但下面来自全国各地的博客专家们听得津津有味，有的还不停做笔记，以期在互动环节提问探讨。

从资料上看，阿里巴巴是于1999年由18人组成的创业团队组建的。据说当时只有50万元的创业资金。10年艰苦创业，谱写了一段电子商务的传奇。如今的规模已有1.8万余人。阿里巴巴已成为全球领先的企业间电子商务平台，拥有阿里巴巴、B2B、淘宝网、支付宝、阿里巴巴云计算和中国雅虎等子公司，面向全球200多个国家和地区提供互联网服务。

我们知道，如今中国互联网BBS论坛将近200个，网民超过4.5亿。从发展的眼光看，我有充分理由断言，10年后网民将超过8亿，而网购业务将会更加完善，并以迅猛势头纷纷抢滩登陆。由此可见，阿里巴巴犹如一颗明星临空闪耀夺目，将迎来更加辉煌的明天。

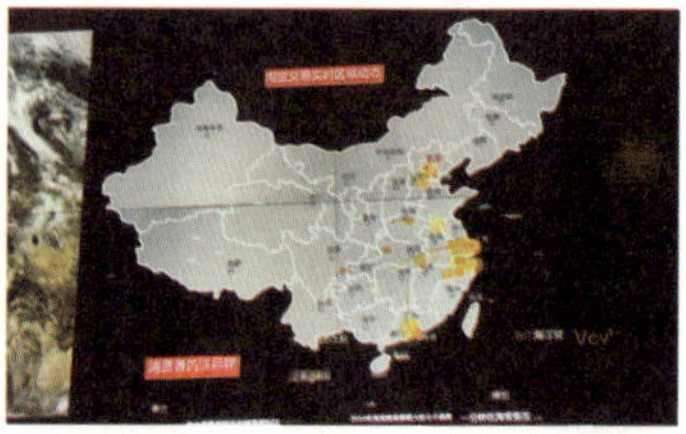

中南卡通老总很卡通

http://blog.sina.com.cn/s/blog_4c1104ee0100m80c.html

严建设

卡通片对于中国的老年人来说，是个伤感的回忆。我们童年几乎没啥卡通片和动漫。了不起趁过寒暑假的时候，自己到少年儿童活动站看场幻灯片，如今再也看不到了。我常去的是西安案板街北头的新城区少年儿童活动站。走到小院子后面的高台阶，进入黑房子，约30平方米。看得最多的是《狐狸打猎人的故事》、《半夜鸡叫》、《红军桥》、《神笔马良》、《骄傲的将军》等，百看不厌。那年头不懂得啥叫动漫。

但街头常能看到一辆小推车，篷布上吊有白布，布上写着故事片名字和编号，下面用电线连着类似粗笨望远镜一类的匣子。有两个镜筒，后面通电，边上旋钮，也是将幻灯片一幕一幕旋转过去。看完了换芯还能看别的，内容如上。3分钱/次，我们叫做小电影。

多年以来，我深信动漫能启智。现代儿童动画片、动画大片铺天盖地而来，令人目不暇接。多年前，美国、法国、日本等老外的动画片一统天下。从国产动画片的编剧和制作水准方面与洋人的很有差距，到如今渐渐地国产动画片也登上大雅之堂，在央视联播，并走出国门赚取外汇了。这都是动漫人毕生艰苦奋斗的结果啊。

我们参观了中南卡通总部。这里本身就是个卡通世界。所有员工的电脑旁都摆放着各种卡通绒毛玩具。连走路的台阶上也全部是漫画人物。在这里，人蠢蠢欲动，仿佛回到童年一般，不禁手舞足蹈，连脚步都变得轻飘飘的。

中南卡通成立于2003年，其作品屡获大奖。原创作品先后在央视等300多家国内电视台播出，并进入世界上60多个国家和地区。

我看着中南卡通的老总甚觉面熟，名字叫吴建荣。胖胖壮壮的，蓄大背头，留八字胡，颇富反派卡通造型。最后终于想起，他与高司令刘江有些像啊。

游逛深山古刹国清寺拾遗

http://blog.sina.com.cn/s/blog_4c1104ee0100m9fg.html

严建设

离开国清寺后我想，若在薄雾朦胧的清晨，石桥上有老瘦和尚，或戴斗笠、或撑油布伞走过，背景是古木参天，藤蔓倒垂，呈黑白灰剪影，参差不齐，颇含禅宗漂缈境界。此时，我埋伏在桥左，咔嚓拍张，作桌面甚好。

国清寺位于台州的深山老林里，古木参天，溪流汩汩，遍地青苔。我想热夏8月必是个消暑的的好去处。

我来自西安，西安庙宇众多。古长安城有八大寺院，我均去过，很多在“文化大革命”期间被愤怒的红卫兵小将们砸毁，包括藏有佛家禅宗至宝舍利子的法门寺。若不是寺院长老当众自焚涅槃的话，地宫里的宝藏必会流失散落，不知去向。所以国内大部分寺院都是新造的，按考古界说法是赝品。而出人意外，国清寺除了塑像外，部分建筑竟是原汁原味的隋朝古寺。

查阅资料得知：

国清寺位于浙江天台城北3公里处，与济南灵岩寺、镇江栖霞寺、江陵玉泉寺并称天下四绝，为佛教天台宗发祥地，坐落在天台山麓，被日本佛教奉为祖庭。是一座拥有1.96万平方米面积，600多间屋宇的

大型建筑群，以四条纵轴为主体，其中包括四殿、五楼、四堂、二亭、一室，为我国最完整的大型寺院之一。寺区范围内有唐一行僧墓、隋塔、隋梅，还有大量的碑刻和摩崖题刻。智者塔院建于隋开皇年间。院内保留有唐碑一方，为天台宗七祖行满所立。当地人说济公就出生在此。

大巴驶入青翠的山岫，进山门时看路边有几个落寞的塔林。塔上镌涅槃长老名讳，出现“尸”字。从古至今，用“尸”字、“鬼”字作名者甚少。诸子百家时代有个尸子、鬼谷子，其文晦涩难懂，少年时曾做笔记，至今全然记不得。据和尚说，日本人来的很多。寺院和尚自食其力，天王宝殿里堆放大量收获的稻谷。门上涂银粉漆的浮雕是《西游记》。

影壁四角有五蝠临门围绕环形寿字。大家络绎进入寺门，随导游听讲。我四下拍照，东瞅西看，就顾不得跟队伍了。苔重路滑，有的人都摔倒了。

国清寺给我留下的印象主要是绿色：翠绿的山岫、碧绿的溪流、深浅不一绿色的藤蔓和树草。临走时，看到树上挂有花花绿绿的“网友”，学名叫蜘蛛女郎的。

台州路桥南官草根大讲堂办得好

http://blog.sina.com.cn/s/blog_4c1104ee0100m8st.html

严建设

台州路桥与绍兴柯桥、乐清虹桥并称为浙江“三桥”。近年来相继开展南官人文大讲堂、乡村人文大讲堂和南官人文大展坛系列文化工作。每次对听众都采用通知而不组织的方式。

藏身于路桥古街里的大展坛实际就是文化讲堂。被当地居民誉为草根大讲堂，流传很广。说明当地人喜欢文化、崇尚文化、尊重文化，闲暇之余自发主动跑来听课，汲取知识营养，互通智慧。受众很广，大多为当地和外地慕名而来的市民，实在令人羡慕。

下车一看，在青砖古瓦的楼宇之间的妙智街19号，有个嵌满冰凌花图案的镂空月亮门洞，悬挂着南官书院的牌子。门洞左侧就是南官人文大展坛，也是处古色古香的院落，木雕门上依次是杜鹃竹子、凤凰牡丹、喜鹊梅花、锦鸡牡丹。对面就是路桥区城建档案馆和新华书店。少年时代，我无论走到何地，新华书店是必去之地，现在早已不大去了，剩余的时间都在上网了。

寂静的天井四周，悬挂着当地人的摄影、水彩等作品，我看还是以沙龙作品居多，民俗的稍少一点。院子里有几个娃娃正在玩耍，想必多年以后，这个院子就成了他们“百草园”和“三味书屋”的回忆。

上房里看到有个讲座，内容是：人格的构成。听众席上坐满了人，大多是老人、妇女，听得津津有味。我进去拍了几张照片便退出。据说每周举办一次，已举办了131次讲座，影响人数超过8万人。近期登台主讲的有梅军、阎亢舒、丁永安、金立新、王茜、陈文雄、俞宸亭、翁时珍等人。

偶遇路桥，我踩着了江南水乡商市的最后神韵

ttp://user.qzone.qq.com/117550199/blog/1288722763

刚峰

一

其实，人生中许多惊喜都是在匆忙中偶遇的。

无论是人是事还是景，匆忙的一颦一眸，貌似平常。实为奇特的景观，却在偶遇的瞬间令人惊喜交集，感叹万千！

我与浙江台州路桥就是在这样一种惊喜中匆忙偶遇的，且在一个阴霾的午后，匆忙相识在短短的几十分钟，但在惊喜中也留下了惆怅……

10月24日，我们参加“人文浙江”博客笔会活动到达台州时，因时间关系，主办方告诉我们参观路桥后速至泰隆银行与老板对话。于是，一行人在路桥著名的“十里长街”上匆忙而过。道路两旁新维修的古商铺与文化景点，以及街道边的桥与桥下的小溪便在我的镜头中匆匆而入……

大凡到过浙江旅游的朋友们都会知道浙江有著名的“三桥”：柯桥、路桥、虹桥。这“三桥”是浙江历史上著名的商业老街。循着这些老街，不仅可以欣赏到江南著名的水乡风韵，同时，还可以窥见浙江历史与商贸经济文化的缩影。可惜因历史悠远，虽然这些老街道有重修过，但时代变迁，繁华不再，人们只有在残余的古迹遗址中去寻觅浙江先

祖们经贸活动的痕迹，去探索现代浙商兴起的历史渊源。

浙江的“三桥”亦被我称为残存在浙江现代文明中的古代人文商贸历史的敦煌！

二

台州市的路桥区古称灵山乡，历史久远。

据史料记载：东汉开国者刘秀统一中国后，开始发展江南，始称“新安”，取其义“新近取得安定的地方”。有关路桥的来历，据《台州外书·遗闻》记载：南宋初年，高宗皇帝赵构被金兵追赶，航海南逃至台州。传说当时恰遇大雨滂沱，到了马铺地段，所骑的马疲惫不堪，突然扑倒（因此这里就叫“马扑”，后转音为“马铺”）。赵构心中十分焦急，经一当地老者引领，架了不少便桥，才得以出去。赵构问起此处地名，当地的官员立刻抓住机会说：“请皇上赐名吧！”赵构想了一会说：“此地的路即桥，桥即路，就叫‘路桥’吧。”就这样，“路桥”这个地名传开了。而赵构走过的新安桥，也顺理成了“路桥”的本命桥。

ZJ奋斗：不同的地区有不同的风俗习惯，让人感受到那种各地区的气息。谢谢！

警长：古老的城镇，现代的人们。

mojin:无街不市，无巷不贩，无户不商。

蔓萝莎：其实，人生中许多惊喜都是在匆忙中偶遇的。无论是人还是事还是景，匆匆忙忙的一颦一眸，貌似平常实为奇特的景观却在偶遇的瞬间令人惊喜交集，感叹万千！简单就是美！

路桥区的历史可追溯到3000多年前。1990年在路桥小人尖建亭取土时，发现西周文物78件，证明西周时期路桥附近就有人居住。先秦时，路桥地属瓯越。战国末，越为楚所并，属楚。秦始皇二十五年（前222年），于原吴越地置会稽郡，路桥亦在其中。汉初，先后有东海、东越等王国封立。汉武帝元封元年（前110年），东越国除，徙民于江淮间，并其地于会稽郡鄞县，置回浦乡。西汉始元二年（前85年），以鄞县回浦乡置回浦县，县治回浦（今章安），属会稽郡，隶扬州。辖境大致相当于后世的台、温、处三府，是为台州建县之始。东汉建武年间（25～36年），回浦县改名章安县。此后500余年，路桥一直隶属章安。

隋开皇九年（589年），灭南朝陈，废郡，并临海郡各县（包括章安县）入临海县，隶处州。大业三年（607年），改州为郡，临海县属永嘉郡。唐初，析永嘉郡之临海县置台州，台州之名自此始。唐高宗上元二年（675年）析临海县南部置永宁县，路桥即属永宁县。唐武后天授元年（690年）九月，改永宁县为黄岩县，以县西黄岩山而得名。县治从章安徙至永宁山西北，县境包括今黄椒路三区和温岭市。五代时，路桥隶属吴越国之台州黄岩县。宋太平兴国三年（978年），吴越国除，台州入宋版图，州、县如故，隶两浙路。

元世祖至元十四年（1277年），置台州路，隶江浙行省浙东道。元成宗元贞元年（1295年），黄岩县以民户达5万，升为黄岩州，仍隶台州路。明洪武元年（1368年），朱元璋改台州路为台州府，隶浙江行省。

洪武三年(1370年),复黄岩州为黄岩县。成化五年(1469年)十二月,析黄岩县南部方岩、太平、繁昌3乡置太平县,即今温岭市。

清沿明制,黄岩县仍属台州府,隶浙江省宁绍台道。

新中国成立后,先后属黄岩县、黄岩市。1994年8月,经国务院批准,台州撤地设市,路桥从一个建制镇升为县级区,成为台州市主体城区之一。

1000多年前,据《元丰九域志》记载:路桥是一个历久不衰的墟镇,因地台州海陆交通枢钮,沃野百里、阡陌如绣,百舸竞发、商贾云集、农工并举,成为台州甚至浙东南最繁华的集市贸易市场。

曾有古诗描绘了它的盛况:

十里长街十里景,一步桃红一步青。
泛看西子本日色,哪如此处更相等。

三

被民间称为"十里长街"的是路桥一条作为浙东沿海著名商埠的最繁华的商业老街。起源于南宋,鼎盛于明清,是浙江商贸历史发展的见证物。"十里长街"的历史是路桥历史的一个缩影,千百年的发展历程让十里长街地区集聚了大量的历史遗存:东岳庙、三水泾堂、福星桥、新安桥、右军墨池、宾兴祠、乔家里古民居、四透里古民居、邮亭古驿、杨晨故居等,为路桥留下了宝贵的历史财富。北起河西街,南到石曲街,包括7个街区,总长度在3公里以上。

"十里长街"傍南官河而建,河岸两旁充满着江南水乡神韵。

新改建的"十里长街"上,沿街房屋为明清街屋结构,以斗式吊楼为主,吊楼与底楼结合处的廊下三角撑雕有花鸟、人物等各种精致图案。街道以青石板铺就,店面密集。据载,最盛时期有各种商店820家、集市摊位2100多家。"十里长街"还保留有各种庙宇20多座,有些庙宇相对而建,素有"庙对庙,桥上市,阴阳水"的俚语。"十里长街"的文物古迹与人文景观相辉映,庙亭楼台、民宅府第、古桥名木等星罗棋布,充满了浓厚的历史文化氛围。

"十里长街"是浙江境内保存较为完整,具有江南城镇水街一体的传统格局,属水乡风貌和文物古迹相对集中的历史街区,是浙江省重点历史文化保护区,其化石般的价值与意义在全国都是不可忽视的。

四

路桥区因其地处台州人口最密集的温黄平原中部,不仅是古时商贸发达地商贾云集之地,也是现在台州市和浙东南商贸中心。

全区现有各类市场76个，拥有以中国日用品商城为龙头，小商品批发市场、浙东南副食品市场、中国建筑装饰城、路桥机电五金城、台州电子数码城、浙江方林汽车城、富仕广场等为骨干的市场体系，触角延伸至全国各地及边境、境外，进入俄罗斯、缅甸、越南、老挝等国及南非各国。路桥又是中国股份合作经济重要发源地之一，全区现有3.45万家民营企业，以股份合作制为主要形式的民营经济是路桥经济发展的主导力量，民营企业的数量和产值均占到总量的99%以上，形成以摩托车及配件、模具及塑料制品、空调器及制冷配件和农业机械四大主导产业为支柱，节日灯、电线电缆、五金、机电、印刷、洁具等同步发展的工业体系。

改革开放使路桥作为古商埠生机勃发，二、三产业迅速发展，成为富甲一方的经济强区，综合经济实力位居浙江省前列。

因此，民间称路桥“无街不市，无巷不贩，无户不商”。

五

我穿梭于路桥的“十里长街”上，不停地举着相机拍摄。前面，领队在催促大家快点跟上，混合上街道两旁一家家商铺嘈杂的叫卖声，倒也不突兀。

带着好奇，也带着惊喜，我随意走进了几家商铺，竟然听到了久违的乡音，那是地地道道的江西吉安口音。于是向前询问，竟然发现路桥老街有3万多名来自江西吉安市安福县的老乡在此谋生做生意。听他们说，这老街右边的商铺全部是我们江西商人在经营。

惊喜交集，我感慨万千。我的这批江西老乡们莫不是循着先祖们的足印，前赴后继背井离乡来此谋生?

明清时盛行的江右帮，也曾是中国十大商帮之一。路桥作为浙东南著名的历史商镇，商贾云集之地，肯定有江右帮来此经商设铺，把江西著名的茶叶、大米、药材等商品贩运于此地。

可惜时间太紧，匆忙之余，仅与这些远在台州异乡经营的小商小贩聊了几句，合了张影，便匆匆离去。

偶遇路桥，我不仅踩着了江南水乡商市的最后神韵，而且还触摸到了我的先祖江右商人当年不远千里在此经商的踪影。

台州的路桥呀，你不只是浙商兴旺的见证，而且还折射着赣商、徽商等来自天南海北商人们艰辛打拼的精神！你的一房一木、一桥一路、一石一瓦都凝结着天下商人们的汗水和智慧；你是构成台州历史的重要部分，也是撑起台州兴旺发达、新浙商崛起四方的人文底蕴……

敢向无产者发放贷款的牛银行

http://bianhongdeng.blog.sohu.com/162370382.html

卞洪登

浙江一家股份制民营小银行，靠“信誉担保”向许多无资产抵押能力的无产者发放贷款，把众多小企业主扶持起来。其迅速壮大自我的秘诀，曾经引起中国金融改革者们的高度重视，也曾得到温家宝总理的亲切接见，并称赞泰隆银行为“中国的尤努斯”！

今天能放弃所有银行“财产担保”共识，仅凭“信誉担保”向无产者们发放贷款，这的确是个奇迹。这种奇特现象唯有在改革开放前的计划经济时代出现过。那时候只要各级政府的市长、县长、区长说句话，批个条子，就可以让高污染的造纸厂、化工厂贷到四大国有银行的款。尽管后来“跑、冒、滴、漏”的化工厂、造纸厂都被环保部门关停并转了，但是那些依靠政府信誉担保所贷的各种坏账，到头来都被“一大二公”的政府行为核销了。然而到了改革开放以后，那种靠政府领导批条子担保的信誉贷款银行已经不多了。尤其各家大型商业银行更是不敢越雷池一步去冒险触碰“信誉担保”这根可怕神经。如今的各大银行惯例就是无论贷款人讲得如何天花乱坠，只要没有资产抵押担保，谁批条子也不好使。我所认识的一位被免职的行长对我说：教训啊，我就是被市领导批条子信誉担保，贷了几大笔坏账，才受株连被免职回家待业的。

今天到了浙江，发现台州有一家不信邪的泰隆银行，在胆大的王钧董事长的带领下，专门开展了“信誉担保”贷款业务，大胆地向没有资产抵押的无产者、小企业主发放贷款；名声大噪后，众多有技术、有前途却无财产抵押能力的小企业老板，纷纷赶来求助，从而成了浙江内外有名的“及时雨”。这个由民间筹资发展起来的商业银行，其过人之处大概有如下三点：

一是采取“联保连坐”措施，让七大姑八大姨的亲友们以信誉担保，监督贷款人用资情况。二是父母为儿女们上学的学费担保。他们相信善良的父母借了钱之后连睡觉都不踏实，整天会想着还钱的事。三是开办党员读书俱乐部，把银行里的职工培养成为一丝不苟、全心全意为人民服务的骄子，从而使得全体银行职工为荣誉和信誉而战。笔者衷心祝愿这样的牛银行，今后开得越多、越红火越好，对浙江未来经济发展更有利。

枝头露水：为什么浙江人那么有经济头脑呢？
虚华流年：现在想做大生意的人哪个没去银行贷过款呢？
大胡子：一般的银行要是没有抵押的东西是不能货款的。
王克：如今大银行的惯例就是无论贷款人讲得如何天花乱坠，只要没有资产抵押担保，就不给贷款。都学精了。
加菲猫最爱意面：人家银行可不干赔钱的事，就愿意给老百姓放贷，这就叫做互赢互利。
this way：浙江经商的人真是了不起呀。
春意盎然：希望泰隆银行办得越多越红火越好，它对浙江未来经济发展越有利。

走近飞跃发展的浙江杰克集团

http://blog.sina.com.cn/s/blog_4c1104ee010093d.html

严建设

那是个深秋10月底的一天，我和来自全国的博客专家，随浙江省委外宣办乘车去了位于浙江台州椒江区机场南路的杰克控股集团，参观了生产车间，并与集团董事长阮德福进行了座谈。

杰克控股集团的前身是台州市飞球缝纫机有限公司。老板较瘦小，叫阮福德。原先在东北走村串巷修皮鞋，一步一步艰难创业，发展到现在成为国际性缝纫设备制造企业，恍如神话。15年前，10多个杰克人在一片废弃的校园旧址上自己动手，用破砖烂瓦盖起了几间厂房，低价买来几台旧设备，然后就此创业，一步一步走向今日的辉煌，跻身中国大企500强、中国民营企业500强。在全球100多个国家和地区，杰克拥有高达400多个销售和服务网点。

我在杰克看到提倡感恩的路牌。这也是杰克人管理方式方法的一种。杰克在发展中建树了很多第一。

搜索得知：

杰克控股集团有限公司成立于1995年7月18日，目前是中国大企业竞争力500强之一，是中国缝制机械和机床行业的骨干企业，是一家跨地域、跨产业不跨制造行业的民营集团，现拥有浙江、上海、江西三大生产基地和工业缝纫机、机床两大产业。集团以资本为纽带，以科技为先导，以人才为依托，以市场为载体，稳健经营，不断创新，始终保持高速发展，先后获得中国大企业竞争力500强、中国民营企业500强、中国成长企业100强、中国企业文化建设先进单位、中国优秀企业、中国轻工业企业信息化建设先进单位、国家级高新技术企业、全国质量管理先进单位等荣誉。

集团高度重视人力资源的引进与开发，始终坚持“公平竞争、任人唯贤、职适其位、人尽其才”的用人理念。目前集团拥有职工2000多

人，其中大中专学历的员工占集团总人数的30%以上；各类工程师和技术人员200多人。高薪聘请了终身享受国务院津贴的专家和日本制造行业的资深专家，同时不断加大在职人员的培训力度，使员工把自我培训和企业培训紧密结合起来，把个人素质的提高同职业培训的要求紧密结合起来。并通过JIT（精益生产）、六西格玛的推进，进一步优化了企业运作的流程，提升了企业满足客户要求的能力。

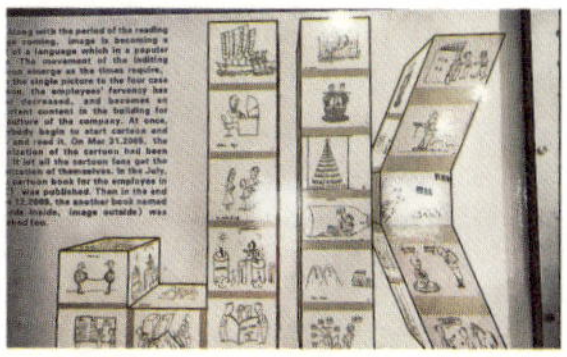

最美的民企员工

http://gangfeng.qzone.qq.com/
刚峰

在台州两天，先后参观了民企泰隆银行、杰克集团、吉奥集团等，并与企业方面对话，与这些私营企业的员工有着零距离的接触。现发上部分在这些私企务工的员工工作照片。

据台州方面告诉我们：目前在台州务工的外来者有100多万人，他们的认真与执著的工作精神，正是构建新台州人文精神的一个重要组成部分，为台州的发展作出了巨大贡献。特在此向来自天南海北的务工者表达最高的敬意！

从皮卡起步　振翅高飞的浙江吉奥

http://blog.sina.com.cn/s/blog_4c1104ee0100mash.html

严建设

深秋的黄昏，我们去了趟位于台州的吉奥汽车集团。据说吉奥汽车集团是以皮卡起步的，老板叫缪雪中，现在还在生产SUV和皮卡。因自己喜欢摄影，我十分喜欢皮卡。电影《廊桥遗梦》里面的男主角就驾驶皮卡，携带照相机走遍天下，拍摄自己喜欢的桥，由此演绎了一段浪漫故事。

那时天空云团翻卷，云层衬托着吉奥大门，大门造型像只振翅高飞的大鹏鸟，墙壁上有巨大的方向盘。吉奥路桥总部的大厦前立有15面世界各国的旗帜迎风飘扬，一派兴旺发达的迹象。

车间里有工人的照片，下面设置了快乐和郁闷的两种表情。管理还是很人性化的。当然，我最感兴趣的还是成车组装线。看到工人们忙忙碌碌、有序地操作着，一个个零部件在线上被神奇地组装成汽车，难抑心里那份愉悦。

百度搜得吉奥资料：

浙江吉奥汽车有限公司坐落于浙江省台州市路桥中心工业园区，是一家全资的民营企业，总投资4.5亿元兴建皮卡和SUV汽车制造基地，被列为2003年浙江省A类重点项目。一期工程建设用地26.8万平方米，设计年生产能力6万辆皮卡和SUV汽车，6万台发动机。公司拥有冲压、焊装、涂装、总装四大工艺车间，设有完整的汽车道路试车场以及国家汽车强制检验项目和零部件质量控制手段。二期规划用地1500亩，设计年生产能力20万辆。

按照过去的思路，中国的重工业基地尤其是汽车制造基地远在东北；由于当年战备的缘故，20世纪五六十年代，很多大厂迁往西北。在汽车制造行业以及汽车零配件行业里，浙江应该属于起步较晚的。由于浙江人的执著，奋起直追而今非昔比。如今很多集团独占鳌头，浙商相继收购了世界名牌沃尔沃和莲花牌汽车，不能不令人感慨万分。

参观后开了座谈会，博客专家们相继发表了自己的看法和感慨。

顺祝吉奥走遍全球！

500万元的大巴出自青年集团

http://blog.sina.com.cn/s/blog_4c1104ee0100mcw1.html

严建设

来到金华采风，副市长金中梁对青年集团颇为推崇，说价值500万元的豪华大巴就是由青年集团生产的，老板叫庞青年。青年集团与德国NEOPLAN合作生产的豪华大巴一次就被订购了1000多辆，同时出口欧洲、美国、俄罗斯、韩国、新加坡以及中东等地。如今根据世界物流需求，已成功开发出大型牵引车、专用车、军车和轻卡40余种车型了。

耳听为虚，眼见为实，我们先参观了成车组装车间。看到一个个庞然大物横空出世，很是壮观。登上长度为25米的庞然大物新能源电车，在厂子里兜了一圈。车身虽长，轴距设计合理，拐弯倒退并不麻烦。

青年集团与英国莲花公司合作。说起莲花，25年前曾在浏览香港杂志时很有印象。莲花公司曾出跑车，还是世界上三大跑车之一，与法拉利、保时捷齐名，并称为顶级三大跑车制造商。如今，金华的莲花普通轿车系列，瞄准国内外中低档行情，售价一般在10万元左右而已。有的博客专家很兴奋，钻进车里试坐，包括央视的主持人赵普。

据说金华市在直径30公里的范围内，聚集了汽车制造和关联企业1700多家，其中亿元企业有36家，行业总产值超过600亿元，解决就业岗位20余万人，相当了不起。当然这也和政策扶持分不开。2008年

以来，金华市政府每年安排汽车转型升级专项资金1000万元；2009年对汽车技改扶优扶强的贴息资金高达2000万元，市级重点项目27项，累计达成投资22.3亿元，向上争取各类扶持资金5000万元以上。

这不仅仅是简单的数据，这是政府和企业双向合作、双向支持和双赢的辉煌结果。金华市如今已从当初仅有金华火腿这一名特产的浙江中部城市华丽转身，年产销100万辆成车，产值将高达1800亿~2000亿元，成为现实版的中国底特律。

我们是从义乌赶往金华的，汽车前挡风玻璃下还搁着当地赠送的佛手瓜，跟盛开的菊花一般。当我们看到车子亮晶晶的轮毂时，不由发出一声赞叹。我暗想，我们其中不乏车迷，却极少见过七彩激光轮毂，若在夜间打上光束会更夺目。询问价格，感觉并不贵。同行者说，搁到专卖店贴牌后就很贵了。中国企业厉害，中国浙商更厉害，把沃尔沃都收购了。假如再来场严重的全球性经济危机，难保不会收购奔驰、宝马、劳斯莱斯。当然，与老外对比起来人力成本也是优势。

大家忙不迭地拍照。我看那光芒四射的轮毂颇似光环，赶紧拉来头部80%以上无毛发的博客专家刚峰与轮毂合影，成像后二者相映成趣，大家一阵欢呼。

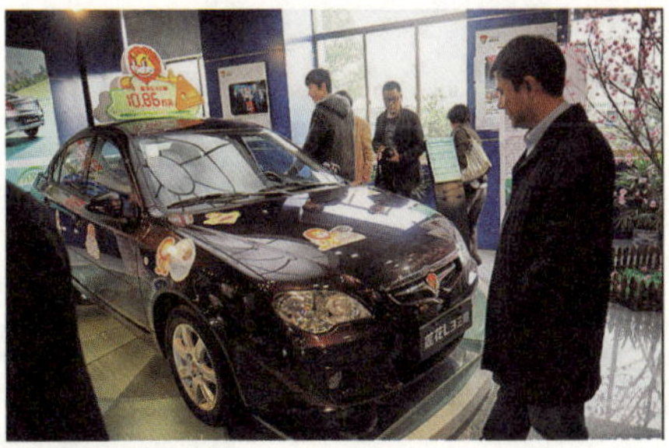

艾青故里的人文憧憬

http://gangfeng.qzone.qq.com/
刚峰

我们这一代舞文弄墨的人，恐怕没有一个不知道艾青是谁的吧。著名诗人艾青的诗曾经鼓励了一个时代。

然而，改革开放30年了，在全国人民一边倒叫着喊着赚钱从商的现代，特别我们一行在浙江私企参观时，到处看到的是一派生机勃勃的商业景象，忽然，车一拐弯，“人文浙江”会务组在一个晴朗天，把我们带进了金华的一个乡村。下了车抬头一望：艾青故里，几个雕刻在石垒上的红色字，在夕阳下发出了一阵辉映的金光……

就这样，在人生过半，诗歌早已成为儿时的记忆，与艾青故里偶遇，与诗歌相遇。一种久违的熟悉，一种窘迫愧意在我的心头猝然升起。10月26日下午5点左右，当我举起相机，拍下艾青故居时，真正感觉到，诗歌已远离了我半个时代。直至草坪上一尊保姆的雕像，才让我忆起了艾青的成名作《大堰河——我的保姆》，体会到诗人深厚的思乡恋情……

金华市金东区傅村镇畈田蒋村，是艾青的出生地。只是艾青16岁时就离家到金华城上中学，19岁远离家乡到杭州学绘画。仅时隔一年，艾青就离开祖国前往巴黎。这一走，从此，就远离了故乡，直至老时返乡……

其实，从古至今，金衢盆地一直是人杰地灵。也许是因南宋时孔庙南迁至此地的缘故，在诗人艾青热爱的这片热土上，流动的潜溪水滋养了不少的历史文化名人。远的不说，近代就出过除艾青以外，如陈望道、吴晗、冯雪峰等杰出人物。他们的横空出世，是支撑这片土地经济崛起的人文源泉。

只是，因岁月的匆匆远去，许多历史人文的气息消失在世事的沧桑中，淹没在人情的烟尘中，成为一种久远的记忆而令人惋惜！

好在，临别前我向他们讲述了沿海一带建设生态文明村的做法。村里的领导与乡亲拉着我的手，递上了《蒋氏族谱》，向我叙说心中的志向与憧憬。我也留下了名片，愿意尽一己之力帮点什么。

我真诚地希望，艾青故里的乡亲们能在政府的帮助下，把畈田蒋村建设成一个具有浓郁人文风光的文明村……

义乌，一座面向世界的立体桥梁

http://blog.sina.com.cn/s/blog_4c1104ee0100mugh.html
http://blog.sina.com.cn/s/blog_4c1104ee0100mh3m.html
http://blog.sina.com.cn/s/blog_4c1104ee0100mh2g.html
http://blog.sina.com.cn/s/blog_4c1104ee0100mgd5.html

严建设

我不知道那些来自世界各地的外国商人在浙江省对待“MADE IN CHINA”货品持何种态度，但有一点是确定的，义乌国际商贸城的国产货确实通过海关，被飞机和货轮运往五大洲。义乌国际商贸城已声名远播，受到全世界消费者的青睐。并被联合国和世界银行、摩根士丹利等权威机构誉为世界最大的小商品批发市场，赢得了世界话语权。真的旷古未闻，我想应申报世界吉尼斯纪录，不报很吃亏。

游逛义乌商城之际，不断与金发碧眼、大鼻子的洋人擦肩而过。有的随意坐在通道边打开笔记本筹谋计划。有次我们拦住几名貌似来自中东的老外攀谈，据说是做玩具、珠宝饰品、珍珠和袜子生意的。义乌的袜子在全国市场占有率很高，超过半壁江山，大致在60%左右。那些老外很兴奋，翘起大拇指说贩卖中国袜子能发财，质量很好，并说他们常年在义乌进货。说到毛利率、销售额、收入时，虽缄口不言，却都露出满足而意味深长的笑容。

当走到玩具档口时，眼前一亮，很快被那些妙趣横生的玩偶所吸引，联想到《安徒生童话》、《绿野仙踪》、《小布头历险记》之类。

我们看到有漂亮女孩拿着洋娃娃在演示对话：给美女帅哥问好、念段唐诗、唱首歌、不听话打屁股啦。那玩偶竟能一一作答，大概带着智能应答功能。

我很小的时候，常在百货商场的玩具柜台前徘徊，对那些花花绿

绿的玩具极其眼热，比如用手一捏就会蹦的青蛙，带惯性的铁皮小汽车，打木琴的洋娃娃，敲小鼓的熊猫；还有一种叫不上名字，用手一捏，4瓣铁皮荷花就绽开，里面露出1只毛茸茸的小鸡来。我总想得到它们，却总是得不到。只能一次次在梦中跑到玩具柜台，把这些东西都拿走，然后再两手空空地醒来。我特别羡慕那些玩具柜台的售货员，发誓长大以后一定要去卖玩具，就能随心所欲地玩啦。

赴浙前夕，接爱女从国外来电，称：老爸到了浙江，义乌不可不去。义乌的围巾非常便宜，价钱大致只有国外的1/5不到。爱女有所不知，我最感兴趣的是照相机，对围巾了无兴趣。有亲戚从伦敦买来条昂贵的围巾赠予我，花色质材都很喜欢，在刮风下雪的日子常裹在脖子上出入。有天细细一看，那下面不起眼处有布标，上面印刷蚂蚁腿般细碎的字迹，不细看就看不出，拿来放大镜一看：MADE IN CHINA。

义乌是繁忙的，义乌商城是有序而繁忙的，每天从义乌通过海陆空多种渠道流向全世界的货物络绎不绝。我乘的大巴经过义乌的大街，发现在这座现代化的城市里到处都是运货的货车。商城大得超出一般人想象，商铺窗明几净、宽敞明亮。据相关资料，如果逛完全部市场，每个商铺停留3分钟，需要1年多才能走完。中国小商品城庞大产供销体系，不但带动了当地针织袜业、饰品、工艺品、毛纺、化妆品等产业在国内形成行业优势，还带动了全国各地1000万产业工人就业，成为我国最大的小商品出口基地，年出口51多万个标准集装箱，有89个国家的2730多家境外企业在义乌设立代表处，常驻外商超1.3万名，联合国难民署、外交部等机构在义乌建立采购信息中心，有55个国家和地区在市场设立进口商品馆，形成了买全球货、卖全球货的大流通格局。义乌从“鸡毛换糖”的“货郎经济”，竟在短短几十年间，神奇般地发展成为拥有总经营面积超400万平方米、6.2万个商位、170万种单品、从业人员超20万的全球最大的小商品批发市场，这就是坐落在浙江义乌的中国小商品城。

鸡毛换糖，从义乌货郎史说西安

http://blog.sina.com.cn/s/blog_4c1104ee0100mqja.html

严建设

江浙一带，乃至全国城乡村镇，从古至今都有过鸡毛换糖的货郎史。很多老人还能想起40年前郭颂的《货郎歌》。但能把货郎延伸到街边摊位，延伸到国际商贸城，取得商务部的义乌指数、营销线，最后延伸出国门，发展到全世界规模最大的怕只有义乌。

我们走进义乌国际商贸城的中国小商品城发展历史陈列馆。里面涵盖了义乌地区商贸自民国时期一直到现在艰苦奋斗的发展史，当然是从鸡毛换糖的货郎担起步。里面有青石浮雕、立体泥塑、微缩景观、展区展板，还有很多实物，如鸡毛毽子、热水瓶盖、煤油灯、甘蔗榨汁机、货郎担的匣子以及上面的铝饭盒等。最令人瞩目的是1969年的集体经营副业证明，要求经营者按月给生产队交鸡毛120斤，换取300工分，也就是一个壮劳力30天的工分值；每月由集体付给流动资金18元，经营额不得超过60元，相当于生产队以0.15元/斤低价收购了货郎担上的鸡毛。

那份副业证明的经营范围是小百货敲糖换取鸡毛和肥料，是用铁笔钢板蜡纸油印的。那是我童年时代为练习仿宋字常玩的东西。其题头为“最高指示”：抓革命，促生产。

副业证明说明：在无产阶级文化大革命取得全面胜利的大好形势下，为进一步落实伟大领袖毛主席“农业学大寨”的伟大号召，为使1969年农业生产取得全面丰收……更好地支援祖国社会主义建设和全世界各国人民的革命斗争，为此我大队组织人员，分赴各地串乡经营收集肥料废品。当年确定的期限为3个月，分别由义乌县平畴人民公社革命委员会、义乌县革命委员会生产指挥组综合办公室、平畴人民公社下湾生产大队革命领导小组审批钤印。有人民公社、区打击投机倒把办公室等部门的审批意见。

在当年，18元为北方一个学徒工的月薪。当年为城市居民制定的基本生活费大致为12元，以下为贫困救济对象，救济的办法是由当地居委会不定期发点议价粮的份额证明，一般为2斤/人，8口之家能发放15斤。议价粮比黑市的略便宜，比粮站统购统销的平价粮略贵。那年月西安标准粉白面平价为0.164元/斤，黑市小麦为.031元/斤，而需要证明配

给的议价粮标准粉为0.24元/斤。除去麸子，每斤面粉大致能便宜几分钱。

那年月全国都在轰轰烈烈地搞“文化大革命”，上千万知识青年已上山下乡变相失业走向穷乡僻壤；各地已实现了两派大联合纷纷成立了革命委员会，正深挖埋藏的“阶级敌人”、深入进行斗批改；各单位纷纷把家庭成分高的干部职工抓起来办学习班。大家人人自危，互相防范得很紧。当年那个叫吴高松的中农，属于团结的对象和可以教育好的子女，为盖这3个大红的公章得跑多少路、赔多少笑脸就不得而知了。

换句话说，1969年，在义乌地区那些货郎担是为了进一步遵循毛主席教导，以收集肥料支援全世界各国人民的革命斗争而搞鸡毛换糖的。当年若退一步，若光在“闹革命”的话，就不会有今日义乌国际商贸城的辉煌。

50年前的西安与全国各地差不多，商贸并不发达，有时居民想买点针头线脑，得跑好远路才行，而街头货郎担偶尔见到，挑着木头箱子，上面覆盖扁扁的盒子。只要听到“破铜烂铁、牙膏皮”的吆喝声和“嘣嘣嘣”的拨浪鼓声，女人与孩子们立即心痒痒，竖着耳朵听，边用眼睛四下在家里搜索，然后拿点废铜烂铁、牙膏皮、鸡毛鸭毛之类就能从货郎担上换取自己心仪的硬糖、洋片、皮筋等。每个硬糖在杂货铺售价1分钱，每人每次只能买1毛钱，超过不卖。每次交易额经常是1～2分钱。有的货郎还在木盒子上贴有红纸，下设暗格，交2分钱就可摸彩，捅破红纸，下面是啥就拿啥，一般是1张洋片，偶尔得到“泥叫叫”的不多。

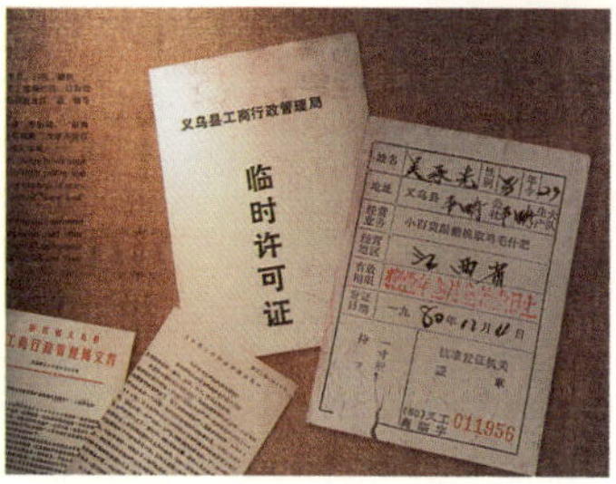

“泥叫叫”染着红绿颜色，上插有鸡毛，内含一截芦苇，能吹响。若能换得1～2分钱就异常高兴，跑去书摊租娃娃书看，或买搅糖吃，都能得到莫大的乐趣。

记得有个邻居叫做木娃的，曾把自家门背后挂的铜鞋拔子拿去换了洋片，被父亲发现后追出巷口，竟没寻见货郎，于是劈头盖脸把木娃暴打一顿。

鸡毛、鸭毛在50年前的西安可不是用来充填羽绒服的，是能派上大用场的。那些年，城市人做饭烧水主要使用含硫的烟煤，泥灶柴禾，烧烟煤必用风箱，鸡毛就是如今退出人们视界的风箱内的重要组成部分。

西安东木头市曾有个姓任的老人，名字不详，也没人喊他名字，同龄人一律喊他“任风箱”。他每天把收购来的鸡毛浸水洗涤，洗去血污粪便，湿漉漉地晾晒在北面的墙角，作为修风箱的主要材料。不料冷不防刮来一阵大风，就吹得满街筒子都是鸡毛。任风箱吹胡子瞪眼，手足无措，撒开脚丫飞跑，挥舞双手跳脚在空中乱逮乱抓。哪里抓得住？眼睁睁看着辛苦收购来的鸡毛随风飘荡，从东木头市飘上高空，有的飘过骡马市，飘到西木头市去了。他老婆性格率真，跺脚扬声大骂，骂天骂地骂出很多粗鲁话来。街坊邻居又好气又好笑，拉扯自家儿女回家，关上门不准听，唯恐学样。那都是50年前的陈谷子烂芝麻事儿。

当年的货郎担上品种繁多，啥都有。搪瓷茶缸搪瓷碗、铁皮调羹、挖耳勺、针头线脑、纽扣发卡、儿童玩具、胭脂花粉、袜子毛巾、灯芯绒直贡呢、鞋面布、鞋垫手绢、木梳刷子、镜子围帘、老鼠药、六六六粉、樟脑丸、万金油等应有尽有。时至今日，街头巷尾偶然还能见到，当然已换成三轮车了，规模远比50年前扩大很多。但与义乌相比，不啻于九牛一毛。

东阳木雕真如鲁班再世之作

http://blog.sina.com.cn/s/blog_4c1104ee0100mj4u.html

严建设

此次旅南，有无数的想不到。游逛东阳木雕城，实在开眼，想不到如此巨大的木雕城竟隐匿在东阳这个小地方。东阳木雕大名鼎鼎，其实早就知道。搞建筑的网友老虎就是东阳人。大部分人只知道鲁班是木匠，发明了锯，却不知当年的木匠都是建筑师，木匠的精湛手艺大都体现在盖房子上。而能加工木雕者已不能简单地被称作匠人了，应该是大师级别。我和来自全国各地的博客专家们，随浙江省委外宣办走进东阳木雕城，无不为之击节赞叹。木雕作品涵盖古今中外无数文化元素，以古典故事为主的不少，件件作品凝聚着雕刻家们的心血。其材料种类繁多，以黄杨、香樟木、松木、山白杨为主，也有用紫檀、黑檀、绿檀、柏木、红木（花梨木）、水曲柳、水杉、云杉、红豆杉、台湾松木等雕刻的。东阳木雕城里的东西据说比其他地方价格便宜很多。当然，这里的木雕大部分适合中式装修风格的房子。

据说传统的东阳木雕属装饰性雕刻，以平面浮雕为主，有薄浮雕、浅浮雕、深浮雕、高浮雕、多层叠雕、透空双面雕、锯空雕、满地雕、彩木镶嵌雕、圆木浮雕等多元化类型。

转了一圈，因拍照，很快与大部队走散，疾步飞跑去撵，又流连忘返，其间不禁停下拍摄。馆藏绝大部分是精品。

查阅资料得知：

浙江东阳为木雕之乡，有千余年的木雕历史，北京故宫及苏、杭、徽等地，都有精美的东阳木雕留世。东阳木雕是以平面浮雕为主的雕刻艺术。其多层次浮雕、散点透视构图、保留平面的装饰，形成了自己鲜明的特色。又因色泽清淡，保留原木天然纹理色泽，格调高雅，又称“白木雕”（示以木材的天然色泽，不同于彩绘），自唐至今已有千余年的历史，是中华民族最优秀的民间工艺之一，被誉为“国之瑰宝”。

横店，“东方好莱坞”*

http://gangfeng.qzone.qq.com/
http://blog.sina.com.cn/s/blog_4c1104ee0100mjnw.html

刚峰　严建设

浙江东阳的横店，位于东阳市区18公里之外，是亚洲最大的影视拍摄基地，被誉为“东方好莱坞”，以其厚重的文化底蕴和独特的历史被誉为“江南第一镇”。横店影视城是国家旅游局首批AAAA级旅游区、中国唯一的“国家级影视产业实验区”，被美国《好莱坞报道》杂志称为“中国好莱坞”。自1996年以来，在这里诞生了《鸦片战争》、《荆轲刺秦王》、《汉武大帝》、《大旗英雄传》、《仙剑奇侠传》、《英雄》、《无极》、《满城尽带黄金甲》、《黄石的孩子》、《投名状》、《功夫之王》、《木乃伊3》、《画皮》、《锦衣卫》、《唐伯虎点秋香》、《剑雨江湖》、《仙剑奇侠传三》、《梦幻诛仙》、《神话》、《神医大道公》、《美人心计》、《神话》等18000多部（集）影视作品。

“人文浙江”采风活动于10月27日下午4点多钟赶到横店，因天色将暗，我们只在影视城参观了秦王宫与宋城。

入住横店的当晚，我们去欢乐谷观看演出。欢乐谷造型奇特，状似一个巨大的火山口。最后一幕演出了火山喷发的壮观景象。演出很复杂，融合歌舞、杂耍、马戏、魔术等项，以杂耍为主。开头有小丑出场搞笑一番，然后就是以歌舞打头。

据说横店欢乐谷是个美丽又好玩的地方。欢乐谷景区分为风月洲娱乐区、水陆社戏区、临河店铺区、横店老街四大区域。小桥、流水、人家；酒肆、戏园、茶楼；小吃铺、跨街楼，小井台、老祠堂。河湾傍街巷，民宅通埠头，精练的场景，流动的人群，都生动地展示了清末民初时期江南水乡的民生百态和万种风情。

*本文摘选自刚峰、严建设博客，内容由编者编辑而成。

最具人文历史情怀的西溪湿地公园*

http://gangfeng.qzone.qq.com/
http://blog.sina.com.cn/s/blog_4c1104ee0100mk7c.html

刚峰　严建设

西溪，曾与西湖、西泠并称为杭州“三西”，以其独特的江南水乡风光，成为杭州历史上优美的风景画卷，留下了丰厚的人文积淀。

西溪自古就是隐逸之地，被历代文人雅士视为人间净土、世外桃源。文人墨客苏东坡、米芾、唐伯虎、冯梦桢、洪昇、厉鹗、郁达夫、徐志摩等都曾寓居卜筑、诗画歌咏，留下了大批诗文词章。有专家考证，施耐庵以西溪为原创地撰写了传世名作《水浒传》；西溪还是越剧北派艺人的首演地，越剧就在西溪湿地的陈万元古宅从落地说唱走向舞台艺术，成为从曲艺到戏剧的转折点；传承了上千年的端午节蒋村龙舟盛会，更是声名远播、享誉海内外！

西溪也是帝王将相度假之地，宋高宗赵构、康熙和乾隆都曾游历西溪并留下笔墨。

然而，历史上地广人稀，面积达60平方公里的西溪，却在历史的发展中渐渐消失。西溪湿地发现于东晋，发展于唐宋，盛于明清，衰于民国。特别是近20年来，杭州城市迅猛向湿地进逼，当地居民圈水养鱼，围荡造田，办厂建屋，湿地大量水域随着城市化趋势的演进而迅速消失。到本世纪初，西溪湿地面积已锐减到10.08平方公里，就在这10平方公里范围内，还聚集了约1.3万常住人口和近万名外来人口，居民在湿地圈围了约3000个池塘养鱼养鳖，饲养了2.5万余头生猪。多头排污，湿地内河道淤塞，水质极差，生态功能日渐丧失，违章建筑随处可见，湿地优美的自然景观已不复存在，前人的诗词、匾额、碑刻等已散落流失，湿地的“冷、野、淡、雅”的意境亦已逐渐消退，致使逐渐淤塞以至于几近湮灭。

很难想象到的是，杭州竟然在短短几年时间内，将这个快要消失的湿地建成了中国最大的公园。西溪湿地公园作为中国第一个国家湿地公园，其独特的人文历史背景，也引起世界瞩目。目前，西溪湿地已被

*本文摘选自刚峰、严建设博客，内容由编者编辑而成。

《中国地理》杂志评为“中国最美的地方”，被国际休闲组织授予休闲创新奖。

10月27日，博主们坐船畅游西溪湿地。在目前开放区域为3.46平方公里的湖面上，西溪历史上著名的烟水渔庄、秋雪庵、西溪水阁、梅竹山庄、深潭口、西溪梅墅、西溪草堂、泊庵草堂八大景点，在阳光明媚的蓝天下，被我尽揽于镜头中。晚上夜宿西溪度假村，那梦里水乡的意蕴，别有风趣……

《非诚勿扰》拍摄地

杭州西湖闻名天下，而西溪湿地知道者不是很多。自从葛优来到西溪湿地参拍了《非诚勿扰》之后，声名大噪，国内外游客趋之若鹜。我也加入进去，非要亲眼目睹解馋。据介绍，数十年来，杭州市以江、湖、河、海、溪五水共导为理念，通过实施综合保护、河道有机更新、钱塘江水系生态保护等系统工程，营造了水清、河畅、岸绿、景美的亲水型宜居城市。西溪湿地已成为一片绿色水域，成就了一处水草丰茂、荻芦耸立、小桥流水、曲径通幽、鹭歌雁翔、蛙鸣鱼跃的胜景。

小船悄无声息地穿过芦苇丛，看到白鹭灰鹭在水草里觅食。陪同人员不时提醒大家看舱外岸边高高耸立的柿子树，确实红艳如火、果实累累，也成了西溪湿地十大景观之一。西溪十景分别为：秋芦飞雪、渔庄烟雨、火柿映波、莲滩鹭影、龙舟胜会、河渚听曲、洪园余韵、高庄宸迹、蒹葭泛月、曲水寻梅。这十大景观融合了自然元素与人文元素，看着颇迷人，可惜未能望文生义融合历史古典传说。游逛此地，难免想起古词：旧时茅店社林边，路转溪桥忽见。

从船舱看出去，粉绿色的水波漾开一圈一圈的波纹，蒹葭苍苍颇具诗情画意，也就是《红楼梦》里的绿痕。不由想起民国时期，郭沫若随一对情侣泛舟西湖的传闻。同船的情侣是郭老的密友，那女子还曾是郭老的学生，被描述得明眸皓齿、珠翠耀眼、气质非凡。郭老难免春情勃发跃跃欲试，当场侃侃而谈逗趣吟诗。最后郭老成了第三者，不惜抛弃友情，与那女子结为伉俪比翼齐飞。那其实是郭老以第一人称手法撰写的小说，其素材颇为可疑。莫非自传？难以考证。

秋雪庵为杭州西溪湿地十大景观第一景，也是最主要的景观，被誉为“秋芦飞雪”。跟陕西的关中八景之一“灞柳风雪”有得一拼。“秋雪”二字甚妙，原想此地非胡地，八月难飞雪，飞雪实则指港湾内一派茫茫的白色芦荻花，也称作菅芒花的，所不同的是灞柳风雪寓意离别的惆怅。千百年来，王维的著名诗句“渭城朝雨浥轻尘”为无数骚人墨客传唱不已，唏嘘不已，遂于青青客舍下，劝酒折柳送别。而西溪有

“三雪”：桃为绛雪，芦为秋雪，梅为香雪。金秋时节，登秋雪庵弹指楼，观秋芦遍野，赏芦花胜雪，乃西溪一绝。

庵前翠竹茂林，曲径通幽，小路为石块铺就。门头行书“秋雪庵”三字遒劲有力。楹联为：一溪荷风飘馨远，十里芦雪入庵深。还见有殿堂，匾额甚谦虚，叫做“灵峰下院”，傍灵鹫飞来之意？

进得院落，见中央有放生池，石栏四围，水清澈见底，有睡莲碧叶，上托有游客撒落的零星硬币几十枚。一上高楼，凭栏四望，一泓秋水芦荻花开，诗情画意，霎时长天秋水落霞孤鹜诸般景致齐上心头。

查阅资料得知：

景点位于秋雪庵，初名大圣庵，始建于宋。陈继儒取唐人“秋雪濛钓船”诗意，题名“秋雪”。自宋而元、明，屡有兴废。清南浔商贾周庆云重建大殿三楹及弹指楼，复以旧制，并增三楹置为“两浙词人祠堂”，奉祀唐张志和以下词人1044人。秋雪庵已于2005年4月30日重建开放，参照清末民初的建筑风格，有山门、圆修堂、报本堂、正殿、弹指楼和历代两浙词人祠堂，还在庵后重建了莲花幢。庵内有启功、沈鹏等著名书法家题的匾额和楹联。并恢复了著名的秋雪八景。

感觉来到西溪湿地者以年轻人居多，而且大都是喜气洋洋，满脸傻笑，跟我一样。那份缺乏城府、额外期盼的情绪情不自禁地流露在脸上。

西溪湿地里颇具江南水乡特色，乔木翠竹，曲径通幽，古老榕树覆盖着船湾码头，石头踏阶，斗笠和手摇橹的乌篷船，篱笆和小桥流水人家。当时斜阳草树寻常巷陌，颇具世外桃源意境。卖水果的摆弄着冬枣、柿子、蜜桔、绿菱角等；卖小吃的摆弄着由蒲草捆扎的油炸鱼、铁板串烧鱿鱼、卤豆腐干、鸭翅、肉肠等。有当地村民身着古装摆卖武大郎炊饼，建议其让潘金莲来卖，生意或许会好得多。回答：从哪里找潘金莲，你能找得到吗？

看到有蒋村酒楼。蒋村是金华诗人艾青老家，不知此处是不是借用此意。酒馆门前顺溜摆开4个摊子，上面分别摆着青梅酒、杨梅酒、米酒、烧酒。均冠有西溪字号，可惜没名字。下酒菜罗列有：酒酿烧蛋、白切鸡、酱鸭、炸小鱼、青鱼干、盐水毛豆、五香蚕豆、水煮花生、五香牛肉、凉拌野菜等。

路边有豆腐坊，摆卖臭豆腐、豆腐、冻豆腐、豆浆、千张、响铃之类，每份价格在5～10元之间。

绕过糕团铺、酒馆、饭摊、豆腐坊、麦芽糖铺、土特产商店，看到做买卖的摊贩，还有炮制新茶的。闻闻茶香浓郁，自己外行，哪敢妄加评判以致谬种流传。看那颜色倒是绿绿的。

随大流不觉走入一家龙舟馆。据说“龙舟胜会”和“蒹葭泛月”均为西溪湿地十大景观之一，要看盛况也得待来年端午中秋。只得拍几张照片留念而已。馆内藏有3艘木雕龙舟，约莫3米长，涂抹红黄绿蓝黑5种颜料。

过了龙舟馆，随着人流走进卖筐篮的竹编馆。在内偷拍了几个美眉，毕竟做贼心虚，还没来得及收起照相机就被发现。好在美眉还好说话，笑盈盈，点点头竟顾自去了。

那天阳光灿烂，微风拂煦。

夜游河坊街

http://blog.sina.com.cn/s/blog_4c1104ee0100mmss.html
http://blog.sina.com.cn/s/blog_4c1104ee0100mmht.html
http://blog.sina.com.cn/s/blog_4c1104ee0100mkdt.html

严建设

临别杭州的前夜，一伙美女博主预备去逛杭州著名的河坊街，说那里有很多新鲜东西，价格便宜，还能猛砍价。我对逛街了无兴趣，凑热闹去拍些照片还行，就赶紧举手报名参加。

车子开到附近，走了几步路就到了。这里属步行街，街道两边热闹非凡，貌似西安的骡马市，街心有些雕塑。其实我们一进街口就走散了。我光顾着拍照，她们要寻可心的女人东西，遂约定2小时后在街心碰头。临分手时，让我与许仙铜像拍了合影。

刚一分手，遇见一伙喜气洋洋的农民工，要求我给他们在大肚子弥勒佛铜塑像边合影。拍过后，想起没法给他们。也许有杭州的网友认出的可转达此意，我会QQ上传。路边走来古装扮相的更夫，拿着梆子和锣，果然喊叫着"小心火烛"。街心有些铜质雕塑，都是民俗方面的，有洗衣服、打水、吹泡泡等。

河坊街最引人瞩目的是章其炎的巨幅榜书，非仰视不可。街头有临场画像的。西安的街头，摆放的样板和最后画出的效果相去甚远，有些蒙人的味道。看看杭州这边，感觉画得还成，只是中间过渡色少了点，也就只是深浅不一的灰色。

街心有亭子，内有木雕关公造像。关公被誉为武财神，被供奉在这里很协调。

河坊街各类民俗小店鳞次栉比林林总总，颇具江南古城韵味。游走其间，能感受到几分南宋繁华景象，想起很多脍炙人口的古词：还似旧时游上苑，车如流水马如龙，花月正春风。总之，列位旅南若到杭州，河坊街不可不去，去则能发思古之幽情而不虚此行。

查阅资料得知：

河坊街位于吴山脚下，是清河坊的一部分，属于杭州老城区，东起江城路，向西越南北向的建国南路、中河中路、中山中路、华光路、劳动路至南山路，路长1800多米。吴山广场至中山中路段为步行街，青石板路面，路宽13米，其余路宽32米。旧时，与中山中路相交的“清河坊四拐角”，自民国以来，分别为孔凤春香粉店、宓大昌旱烟店、万隆火腿店、张允升帽庄四家各踞一角，成为当时远近闻名的区片。杭城闻名的“五杭”（杭粉、杭剪、杭扇、杭烟、杭线）就出于此。这里特色小吃、古玩字画、商铺云集。老字号、杭州特色各类店铺约100余家。

尼泊尔工艺街

尼泊尔工艺街藏身于河坊街内，外地人怕不大好找。我也是随美眉们逛街走散时，无意间发现的。那是一条比较宁静的街，说是街不如说巷，比较狭窄。林林总总，沿墙展示着来自尼泊尔的工艺品，主要是红蓝宝石一类，有吊坠、戒指、手链、脚链等，还有很多展现中国藏传文化的绿松石镶嵌佩饰，竟是从尼泊尔传入西藏的，不过两地也就隔一座喜马拉雅山脉。再有就是充满浓郁民族特色、宗教特色的佛像雕塑、寺庙法器，以及绚丽的唐卡。

我游逛尼泊尔工艺品一条街时，感觉颇冷清，没啥人。时间紧，尽管兴致勃勃也无暇仔细察看。等下次旅南，希望能慢慢游览充满异国情调的尼泊尔工艺街。

唤醒记忆的怀旧商店

边走边拍，逛到街心，抬头看到有店铺甚热闹，门楣悬挂木牌为行书字体：寒烟。我还在想，“寒烟”二字颇有意趣，看到的却是瓦格纳标准像，里面五颜六色很繁杂的样子。等我近前一观，不觉就进去了。

门边有些许布袋，印刷卡通红卫兵像，胡乱写有“俺把爱情整丢了”、“偷菜不丢人”、“血汗钱”、“革命友谊天长地久”、“革命光荣”、“广阔天地大有作为”、“不和地球人一般见识”、“抓革命促生产”、“劳动人民最光荣”等怪话。再过去，看到有些书籍，内容有关过去革命样板戏主角李铁梅、李玉和等，以及老电影插图。

拐过去看到一堆陶瓷的、搪瓷的白色茶缸，上面的字迹分别为“老板很帅”、“唾沫是用来数钞票的”、“没有老板是万万不能的”、“办公室的杯具”、“不要迷恋哥”、“为人民服务”、“好好吃饭天天睡觉”、“牛B”等。还有T恤衫，上面印的话大致相同。有个女模特，着红卫兵衣裳，身上挂满纪念章，也都是怪话。里外人来人往，蛮热闹的。

步出店门后，想到如今年轻人也许不知，这些东西上的怪话若搁到20世纪六七十年代末期，哪怕在人前说上那么一句，也就失口一句话，必然会被警察或民兵小分队捆起来，被替代了公检法的军事管制小组定性为“现行反革命”，至少判处有期徒刑，甚至枪毙。如今他们赶上好时代了，思想活络开放，能随便说话，生活真好。

最后自然遭遇走散的一伙美女博主。商议去喝咖啡，我坚持不去，感觉耽搁时间太久，等着回酒店发帖子呢。遂归。

第四章

感悟·品评

Ch

Fo

apter
ur

4

南宋御街·封存

http://blog.cntv.cn/html/90/825290-1422345.html

柴璐

杭州的雨不似北京。

北京的雨，不用仰脖你就知道它的方向，从上至下，重重地砸来，颗粒饱满，砸在硬物上能弹起来，溅出烟花的样子，有咚咚的响声。如果是急雨，声音便就串成串儿，炒豆子似的，噼里啪啦。杭州的雨，怎么找也找不出是从哪里来的，也不知道往哪去，就那样柔柔地蒙着你，一小线一小线的，你一走动就能碰上，倏地一下渗进皮肤里，凉雾似的。

就这么一个雨天，偶遇杭州南宋御街。

钻进高高的白墙金匾的门楼，只用一秒钟就喜欢上了这条街。小块的淡青方砖，接连的疏桐，雅致有趣的晓风书局……空气的流动似乎都慢了下来，灌进了重量——时间的重量。一切像是见过似的，在什么地方，但又不只这些，不应该只是这些。

果然不只这些。卓文说："这条街的下面还有一条街。"

什么意思？还有一条街？能看到么？那是一条怎么样的街？

那是一条800多年前的街。

就在这湿湿的青砖下面，在撑着花伞的时尚杭州人踏过的每一步下面，在可以随手把快餐包装扔进垃圾箱的街下面，在播放着流行歌曲《最幸福的人》的CD店的街下面，有一条800多年前的街，就静静地睡在那儿。睡了800多年，与我们平行。

那才是真正的南宋御街。

然而，靠近才知道，那并不是一条长长的街，实际上，只能说是街的一个断面，一段数米长的街的标本。"排水沟"、"道路"、"江墅路"字样的牌子错落放置在残缺不全的青砖上，不宽的路基上隐约看见粗粗的斧凿纹路，小小的、曝露在空气中的一段800多年前的街。街的两端埋在厚厚的泥里，看不见，但可以想象。

872年前，杭州的名字是临安，南宋皇帝选定的都城。每年数次祭祀出宫，皇室要带庞大的仪仗队和文武百官，于是就有了专供行经的御街，黄沙垫道、清水洒街。那时候御街南段是高官住宅，北段是药市与书市，中段则是京城最繁华热闹的商业街区，店铺鳞次栉比，"连门俱是，无虚空之屋"，"天下所无者悉集于此"，胡庆余堂、高义泰布庄、方回春堂、益元参号、万元绸庄……

在距离那街不到半米的地方，我深深吸一口气，想分辨出800年前空气的味道，想让那空气在脑中流动成图画，重现昔日的繁华。一步一铺，那是怎样的热闹场景？常日里谁在这里来回走动？青石路基的两旁，曾蹲守过怎样的商贩？有簪花卖吗？有杂耍吗？有怎样的故事……眼前这一段曾被密密踏过的残旧青石，沉默不言，而遥远的时断时续的吆喝与黑白色的熙攘竟在薄凉的雨中，层层清晰起来。

御街就留下这么片甲风骨。

我不知道，这条街是完整地睡在地下，为

保护起见只露出这小小的一截，还是真的只剩下我们能看见的这一段。我没有问。不想问。我宁愿相信它是完整地睡在地下的，静静睡在泥土里多好，何必要太多的光亮、听太多聒噪。**感谢杭州人的智慧，让历史在离我们最近的地方以最安静的方式存在。不伤，亦不远。**

看不见，不是不在，有时候，反而是更好的存在。

千岛湖，600平方公里水波下封存着淳安小城，那个曾经是30万人生息了千年的家。他们带不走的房子、雕梁画栋的门窗、沉沉的大红木门和大门外的石狮子，还有那黄花梨的雕花大衣柜、柏木八仙桌，在60多年前没入了深深的水底，封在了水里。在我们看不见的地方，它们不也都在原来的位置？

黑海海底，一条宽800米、深38米的巨大河流静静流动，有交错的河渠、支流，甚至瀑布。按照水流量，它是全世界第六大河流，然而它就悄悄地藏在海底，在海水的覆盖下，沿着沟槽在自己的轨道里流动。

4亿年前化石中的硬骨鱼，9000岁的龙血树，泥土中千百万往生的魂骸……金木水火土，无一不是封存的法器。

不问过去是成熟，不问现在是聪明，不问未来是豁达。那，最好的选择，岂非就是走开？

人与事，何妨封存？封存不是丢弃，不是遗忘，是守候，是酵化，是存起一小滴一小滴的时间，等待意义的形成。

800年太短，杭州还可以等。

央视网友：柴璐总是有那么细腻的来自心灵深处的感觉。我让自己的心静下来，才敢来读你的文字。

央视网友：透过文字，依稀闻到了杭州的味道，恬静、淡雅，微风细雨轻轻抚摸着你的肌肤，每一寸，每一毫，都是那么有活力。杭州的静在文字中透露出了它的动，在慢节奏中反映出了它的快。去过杭州的人用封存来展现杭州的魅力，没有去过的用向往来体会这座古老城镇的气息！好文采！文笔就如其人——怎一个美字了得！

央视网友：唯有寄存在人的记忆里的历史才是历史。历史的意义就在于曾经有这样的一种思想、一种文明，并且我们是站在自己的文明的脚跟上成长起来的现代人！

忝铗：杭州一直是我最喜欢城市！曾问同行的同学，杭州给人的感觉和别的城市有什么不同，两位同学不约而同地说道：干净！听到这个答案后顿时陷入沉思……

中国古代的市场经济思想

http://blog.tianya.cn/blogger/post_read.asp-BlogID=659306&PostID=27596163

端宏斌

10月浙江行在9月已经定了下来，由于时间充裕，所以先在家里做了点功课。浙江是中国的民营经济大省，也是中国走市场化道路最彻底的省份之一。看到浙江人富裕总会让人误以为浙江资源广博，其实浙江的自然资源并不丰富，国土面积只占全国的1.06%，而且浙江号称“七山二水一分田”，多数是山地，真正可以用来耕种和居住的平原其实只有19%。浙江这个名字来自于省内最大的河流钱塘江，“浙江”就是钱塘江的古称，意为曲折的江水。

浙江这块区域在春秋战国之前为越人的聚居地，后越人在此建立了越国。一提到“越国”，人们的第一反应肯定是越王勾践，没错，他就是春秋五霸之一。由于小学课文里有“卧薪尝胆”的故事，因此几乎每个中国人都知道他。但这回我们不提他，而是谈谈越国最重要的谋士——计然。

司马迁在《史记·货殖列传》中集中阐述了中国古代的经济学思想，但其实司马迁的这些经济学知识都来自于计然，因此我认为计然是中国古代最重要的经济学家，而且他不仅研究宏观经济，还研究微观经济。计然可能是世界上最早懂得利用价值规律和供求规律来调节社会生产、调控市场的人。越国大夫范蠡是他徒弟。他教了范蠡7个计策，范蠡只用了其中5个就帮助句践灭了吴国。后来范蠡担心“鸟尽弓藏，兔死狗烹”，隐姓埋名成为布衣，用计然的其他计策去做生意，成了当时巨富，就是后来的陶朱公。如果春秋时代也有富豪榜的话，他一定能排上前三名。由此看来，计然的经济学思想不仅能够治国，还能够带领全家奔小康。

话说勾践被吴国打败之后非常郁闷，有一天找来范蠡和计然问该怎么办，君臣一问一答间便就有了计然下面这些话：

六岁穰，六岁旱，十二岁一大饥。夫粜，二十病农，九十病末。末病则财不出，农病则草不辟矣。上不过八十，下不减三十，则农末俱利，平粜齐物，关市不乏，治国之道也。

计然认为，要发展国民经济，至关重要的一环是要调节、控制粮食的市场价格。这段话大意是说，每6年会遇上大丰收，再过6年会大旱，每12年会有一次大饥荒。若粮食的售价跌到20钱，则农民会受损；若价格涨到90钱，则商人要受损。商人受损的话，钱财就不能流通到社会；农民受损的话，田地就没人种。粮价若在30～80钱间波动，那么大家都能得利。若粮价平稳，其他物价也会稳定，市面上货物不会缺乏，这是治国之道。这称得上是世界最早的宏观调控思想，只不过不是采用行政命令的手段，而是采用市场化的形式。

论其有余不足，则知贵贱。贵上极则反贱，贱下极则反贵。贵出如粪土，贱取如珠玉。财币欲其行如流水。

研究了商品的库存情况之后，就会懂得物价涨跌的道理。物价贵到极点，就一定会下跌；物价贱到极点，就一定会上涨。当价格贵到极点时，一定要及时卖出，把它视同粪土一般；当价格贱到极点时，一定要及时买入，把它视同珠宝一般。货物钱币的流通周转要如同流水般自然。这不就是低买高卖、高抛低吸吗？投资之道，古今皆然。对于国家来说，这是用市场化手段进行宏观调控的最佳方式。计然建议国家用建立一定的粮食储备和粮食价格调节基金的办法，去干预全国的粮食市场，在市场上适时吞吐粮食，以平抑粮价，保护和促进粮食生产的稳定与发展。

旱则资舟，水则资车，物之理也。积著之理，务完物，无息币。

这段话堪称对经济周期的最经典阐述。旱时，就要备船以待涝；涝时，就要备车以待旱，这样做符合事物发展的规律，这是让我们反周期操作。时至今日，依旧有太多的人在涝时准备船，却在旱时准备车，正是踏错了节奏，落得个满盘皆输。后面半句是讲发展商业积蓄钱财的道理，一个是重视产品质量，另一个是让资金尽可能地流转起来，不要让货币滞留在手中，成为死钱。放到今天，这是每个企业家都应该遵行的基本原理。

人之生无几，必先忧积蓄，以备妖祥。凡人生或老、或弱，或强、或怯。不早备生，不能相葬。王其审之，必先省赋敛，劝农桑，饥馑在问。

这段话告诉我们储蓄的重要性，人一生

的时间、力量有限，因此必须先要有积累，这样才能积极顺应变化趋势。人有生老病死，贫穷、富贵、健康、疾病，平时不为事件发生时做准备，等到发生了，就只有听天由命了。建议统治者应该降低老百姓的赋税，藏富于民，实行谨慎的货币政策，鼓励大家从事生产型活动，比如农耕和高端出口纺织业（桑蚕），并问候、扶持、救助遭遇天灾人祸的人民，让大家都能够安居乐业。

臣闻君自耕，夫人自织，此竭于庸力，而不断时与智也。

这段话是计然在讽刺勾践作秀。勾践亲自下田耕作，勾践夫人则亲自纺织布匹为天下做榜样，但这样称不上是什么聪明的办法，只能起示范作用和得一时之效，遇到天灾人祸就不行了。遇到灾祸就要顺其发展规律进行纠正和扶持。现在也有不少领导人喜欢作秀，计然这番话至今还有意义。

计然的经济学思想让越国很快就国富兵强，终于灭了吴国，而范蠡也靠着这些经济学思想成为了一方富豪。看来计然的经济学不仅能平天下，还能够修身。仔细研究，我们发现，这套经济理论其实就是市场经济思想，一切以市场为导向，顺势而为，即使是实行宏观调控也不靠行政命令。直到今天都值得我们学习借鉴。

从东湖到西湖

http://lhhsosofree.blog.163.com/blog/static/167677886201010412046654/

李红豪

非常荣幸地受到网易的推荐，去杭州参加了“人文浙江”活动。此行结识了不少网络风云人物。

在这一行30人里面，我是唯一的“90后”，除了感到非常荣幸，也感到非常不幸，因为大家基本上都不叫我名字了，都直接叫我“90后”。7天叫下来，让我感触不少。随着社会的发展，一些中性词语的意思也在发展，经常可以在褒贬之间相互转换。比如“富二代”这个词。以前听到“富二代”，只知道这是一群有钱的爸妈生的一群有钱的子女；现在听到“富二代”，都认为这是一群有钱的爸妈生的一群有“病”的子女。发展到现在，给“富二代”下定义就非常容易，“富二代”就是又富又“二”的一代。“90后”这个中性词的命运也是一样悲惨。受诸多视频资料的影响，“90后”一下子被赋予诸多贬义的理解。到目前为止，“90后”、“富二代”、“非主流”、“脑残”这四个词是四位一体的，相辅相成，不可分割。全社会都害怕这四样东西。我虽然也姓李，但是我爸不叫李刚，所以我本人也害怕这四样东西，因此我不建议大家叫我“90后”，还是叫我名字吧。

其实我完全不赞成按年份来划分，尤其是10年一代这样来划分，“60后”、“70后”、“80后”、“90后”。1989年和1991年生的两个人的差别肯定要小于1991年和1999年生的。我觉得应该按大事件来划分人群，比如“新中国成立”后、“文化大革命”后、互联网后，目前我们都属于互联网后，这样来划分科学得多。希望有生之年可以看到素质教育后；若有来生，希望可以见到国足夺冠后。

下面来讲浙江行。浙江的经济发展在全国首屈一指，作为省会的杭州想必也非常发达。可是我下了飞机，经过杭州的马路时，我对杭州的印象就慢慢变差了。杭州的大马路上经过十几棵大树才能看见一座楼，这样的建筑密度完全不像一个现代化城市的样子。这一点我们武汉做得很好，大马路上基本没有树，楼的密度和杭州树的密度不相上下，这才是现代化城市。而且走在杭州城里，发现到处有鸟在乱飞，严重影响市容；不仅乱飞还乱叫，造成了极大的噪音污染；更有些大胆的鸟直接在地上走，严重影响交通。希望杭州政府能好好处理一下这些问题，建设一个外表干净整洁的城市。我们还去了宋城，这里是杭州城里最落后的一块地区，那

yexue999:楼主好酸哦，梅子吃多啦？哈哈。杭州的树和上海的房子一样多，这个我深有感触。我也问过很多来旅游的人对杭州的印象，第一感觉都是这个城市太绿了，让人心情舒适；再就是很干净。如果要说缺点，就是从大城市来的都嫌杭州太小。其实在杭州生活了这么多年，看着她一步步发展和变迁，最有感触的就是杭州的交通实在是太拥堵了。不过这也是大城市的通病吧。等地铁建好应该会好很多。至于说所谓的高房价，房子毕竟不是吃饭买衣经常换，没有太多的感触。

里的人衣食住行都还停留在古代。我们都知道杭州是南宋的都城，生活在宋城里的人都很穷，宋朝人穿什么，他们穿的就是什么；宋朝人住什么，他们住的就是什么。我看到宋城里的人还有在用金属和火锤打造武器的，看来是准备抵御外来入侵的。但是我不知道为什么我们进入宋城的时候他们没有出来抗争，我想可能是我长得太善良的缘故。整个杭州城的落后从这一个小地方便可以看清。想来想去，还是我的家乡武汉好，那里高楼林立，车水马龙，不给任何大树小草可乘之机，且所有地区都已发展完毕，不会出现像宋城那样的贫困地区。社会主义现代化建设的宗旨在武汉被展现得淋漓尽致。这样一比，接近原始状态的杭州和高度发达的武汉的差距一目了然。

当然，让我感触最大的还是西湖和东湖的差距。东湖非常大，抵得上5个西湖，相当阔气。西湖那么小一点地方，湖面上还到处都是小山，把湖的景色都给挡住了。我们东湖湖面风平浪静，什么小山都没有。我在西湖居然还看见络绎不绝的游客在划船，游客身上的尘土都被带进了西湖不说，更严重影响西湖的自然美。这一点我们东湖做得很好，虽然岸边也有不少船，但人们都很自觉，几乎没有什么人愿意去破坏东湖的宁静。游客不愿意在东湖划船，还有一个原因就是东湖的湖水无时无刻不在散发着令人如痴如醉的气味，游客们都心地善良，不愿去玷污这自然的杰作。另外还有一个很大的感受，游走在东湖旁边非常方便，吃完了东西，袋子可以直接扔在湖里。当然如果你不愿意扔，其他人也会扔，否则东湖湖边不会有那么长的天然液体垃圾带。所以我们东湖是一湖多用，美景供人欣赏的同时，也可以方便游客。而我在西湖边行走的时候就很麻烦。西湖发展得比较慢，目前只开发出了一个功能，就是供人欣赏美景，还有一些功能尚未研发出来。这直接导致游客吃完了东西还要去找垃圾桶，这样一来便耽误了不少观光时间。希望武汉政府开发东湖的这些措施，杭州政府都可以适当借鉴一下。当然如果杭州政府不想借鉴，非要按照西湖的模式发展，也没有错。我们尊重杭州政府的选择。

老祖宗说话也未必全对，因此我建议将“上有天堂，下有苏杭”改为：上有天堂，下有汉阳；武昌汉口，远胜苏杭。

离开了杭州，就开始周游列市，了解和感受浙江各个地方经济发展的情况。这次“人文浙江”活动围绕的中心就是浙江的经济发展。我虽然不建议大家叫我“90后”，但事实是我还是个“90后”，年纪轻轻，涉世未深，对于经济领域的问题研究不多。我主要的关注领域是学生受压迫史。这次浙江之行，我在经济方面最大的两个感悟，一是浙江的民营经济真的很强大，二是我们国家的文化产业真的太落后。这次去参观了一些民营企业，像杰克、泰隆、吉奥。**给我印象最**

深的杰克，一个修鞋匠，论个头也算是拿破仑的邻居，居然就这样一步步发展壮大成了一个兼并德国公司的大企业，而且不走“世袭”走“禅让”，让我觉得很伟大，也让我很感动。在杰克开座谈会的时候，杰克老总在讲家族问题的时候情绪激动，“晴转多云”，后来还“下起大雨”。人们都说英语难学，那是因为他们没有来过台州。我虽然听不懂台州话，我也没有创过业，但是当老总脸上晴天霹雳的那一下出现的时候，**我一瞬间体会到了创业前、创业中以及创业后的各种心酸。**以前看《三国演义》，发现刘备就是爱哭，比我刚满月的时候还爱哭，当时认为他很懦弱。但是现在不了，有时候一把鼻涕一把泪真的是胜过千言万语。

还有就是关于文化产业的问题。我去过的有资格发展文化产业的地方不多。还是来说说我们武汉。武汉有座闻名天下的黄鹤楼。以前的人都在黄鹤楼上吟诗作赋，都在学李白。现在的人都在黄鹤楼上搞商业贸易，都在学理财。政府做得最好的一件事就是在黄鹤楼里修建了电梯，这样一来古建筑便越来越有韵味，越来越能突显出它的历史内涵。武汉喜欢拿着黄鹤楼这座高科技现代化建筑招摇撞骗，而至于辛亥革命博物馆里面已经被“新东方”等各种民营企业安居乐业了。我觉得杭州在这方面做得就很好，我的感触特别深。至于怎么好，文字都很苍白，还是建议大家亲自去看看。这次浙江行

赵建尚：看完你的文章，哥笑了；看到很多人的回复，哥哭了。笑的是你的文采，值得称赞；哭的是别人的误解，我彻底无语。各位误解了的朋友，应该知道文章里面描述的是杭州的城市自然景观、绿化等比武汉好。要明白、理解作者的良苦用心。

Xiaomei：我最近也有幸去了江浙一趟。我在美国生活过，但是美国人都不喜欢纽约，那儿除了高楼还是高楼。他们更喜欢像圣地亚哥这样的小城镇，适合生活。我觉得杭州能在发展经济的同时仍然保持那种古朴的风貌，实在不易。它是一座工业化没有留下多少毁坏痕迹的城市，不得不说那里的政府做得很好。再说说武汉，几年前去过，不知道现在怎么样。一座没有树的工业城市，空气污染严重，灰尘张扬，感觉就是全国最大的县城。今天，当我们的城市以环境为代价去发展时，你不觉得我们的生活状态很可悲吗？

一笑：看了你的博文，看来你还是蛮喜欢浙江的。你对故乡那样的说法，不怕他们恨你吗？现在很多人不懂你这一写作手法，其实也是一个怪事，我们的文学教育怎么变成这样了？谢谢你的文章。

ruyi20032002：臭小子，刚开始吓我一跳！你个正话反说的专家！

萧邦：看到这篇文章，我也是差点晴空霹雳啊。我是台州人，从小长于台州，求学于杭州，立身于杭州，所以对这两块土地都有深刻的了解。楼主对这两地的了解真的入木三分啊，向你致敬。我为有幸生于长于此而自豪……再添一句，现在的我在山东聊城出差，越发觉得家乡美了……

了解到了一些数据。美国的文化产业占整个GDP的25%，而中国的文化产业占GDP的2.5%。美国的经济大萧条之后诞生了一个世界第五的文化企业迪士尼公司，这是个非常有讽刺意味的事情。美国这么一个没有历史、没有文化的国家创造了历史、创造了文化，而我们这么有历史、这么有文化的民族还在乱弄乱搞、滚打摸爬。俗话说“物以稀为贵”，俗话没有说物以惜为贵，所以我们国家从来都不珍惜自己的历史文化。我前段时间才去了故宫，给我印象最深的不是御花园里的千秋亭，而是御花园外的售票亭；不是优雅休闲的养心殿，而是更加休闲的卫生间。这些建筑一个个随心所欲，为所欲为，和谐社会的美感被它们全部和谐掉了。**一个民族对待遗产的态度，比这个民族有多少遗产，更能体现出这个民族的文明程度。**

这次浙江行留下深刻印象的地方还有不少，比如东阳木雕城和横店影视城。对于这两个好地方，照片比文字更给力。还有义乌的小商品城，那里的东西很不错，尤其是天然居的水晶手链让我流连驻足。但是很可惜，在我即将可以为义乌的经济发展作出贡献的时候，突然发现钱不够，导致没有把那条绿幽灵水晶手链买下来。在此我向义乌表示诚挚的歉意。下次去义乌，一定会再逛天然居，誓死也要把那条手链纳入麾下。

浙江行给我印象最深的一段话是在国清寺的某块墙壁上看到的。不解释了，直接“粘”上来：

世间有人谤我、欺我、辱我、笑我、轻我、贱我、骗我，如何处置乎？

只要忍他、让他、避他、由他、耐他、敬他、不要理他，再过几年，你且看他。

我真想和讲这话的作者通宵畅饮三百杯啊。

在浙江短短的7天很快就过去了，用常见的一句名言形容，叫做：来也匆匆，去也匆匆。以上就是我从东湖走到西湖的感受。

当您看到这篇文章的时候，我已经作出了一个艰难的决定，由于这次浙江行备受民营经济的鼓舞，我决定要白手起家创建一个企业。这个企业要开发的产品我也已经想好名字了——36QQ。我们的目标是要把我们的产品36QQ做成杀毒软件里聊天聊得最好的，聊天软件里杀毒杀得最强的。为了纪念浙江经济的腾飞，企业的名字也想好了，就叫浙腾吧。

晓逸：就像许多人对“90后”以偏盖全，一概贬低，对“富二代”也是一样。其实“富二代”也并非都是又富又“二”。对于一些有良知有抱负的“富二代”来说，在承载财富的同时，实际上也比其他同龄人承担着更多的压力。如何在这个竞争激烈的时代坚守住上一代传承下来的事业，如何管理和运用这些财富对社会作出一份贡献等，都是需要“富二代”去考虑和解决的问题。

只有香如故：一个民族对待遗产的态度，比这个民族有多少遗产，更能体现出这个民族的文明程度。这话真是说到点子上了。

逃离北京到浙江？

http://blog.ifeng.com/article/8612810.html

王敏

我从小生活在内蒙古东部的一个小城市。小的时候这儿风沙很大，现在还能记起穿着裙子时腿被小沙石扫过的那种痛感。现如今，国家花大力气治理，建起了绿色屏障，才终于远离了“张嘴一口沙”的窘境。那里的冬天很冷，即便已经穿上大棉袄二棉裤，裹了七层八层，还常常在放学回家的路上被冻哭。那里的冬天很漫长，在采暖季的6个月里，我们只能乖乖地待在家里，没办法与小伙伴们出去玩儿，抱怨老天爷无情基本上是我每个冬天都会干的事。于是，大学毕业后，没经过什么考量与权衡，就留在了北京，开始了“北漂”生活。在北京的日子倒也没觉得有多辛苦，我们当时买房置业还不算什么难事，工资虽是没多少钱，好在房价也没有高得离谱。等我开始厌倦北京的交通、北京的空气时，我已经嫁了人、有了小孩，也有了相对稳定的工作。于是即便有媒体狂轰滥炸地宣传“逃离北京”，心思有所动摇，可还是无法下定决心就这么离开。既然离开是为了更好地享受生活，那么就要选择一个适宜居住的地方。在适宜居住的地方，还要有不错的收入。哪里合适呢？是不是又真的做好了准备，逃离日益膨胀的北京呢？在我还没有想明白这些问题之前，有幸接受浙江省委外宣办的邀请，参加“人文浙江”专家博客笔会活动。短短几天，从杭州到金华再到台州，一路走马观花，接触了一些企业、一些官员、一些风景、一些民众，突然有了一个想法：如果要逃，为什么不逃到浙江去？

先说浙江的宜居。在这几年的宜居城市评选中，先后有浙江的杭州、宁波、温州等地入选。杭州更是当仁不让地多次进入排行榜。以我这等普通老百姓的理解，城市干净，有山有水，风景秀美，空气质量好就足够了。城市干净就不用说，还记得游览西溪湿地公园时、葛红兵博导的那句话“杭州真的很了不起，这么大片的湖面竟然都没有我们常看到的那些脏沫子”。**政府治理和政府投入是肯定的，还有一点应该也得益于杭州市民和游人的爱护。**想来也应该没有人愿意冒天下之大不韪，在一条干净清澈的河道上留下自己的污浊痕迹。当然，小百姓理解的宜居还是太过随意，也太不成系统了。查询资料得知，宜居城市在专家学者们的眼中应该具备几个基因，包括经济持续繁荣、社会和谐稳定、文化丰富厚重、生活舒适便捷、景观优美怡人。我们先不说别的，只说说这经济繁荣吧。浙江富庶到什么程度，我不知道。我只听浙江省委书记赵洪祝在会见我们这些博主的时候，连续不断地蹦出来确切到个位数的各种数据。我对钱的概念一向是只能伸展到万位数，再多的，脑袋就不转轴了。在听他介绍的时候，我就处于这种状态。会后刻在脑子里的印象只有一个：浙江那是非常的有钱。对，还有一个佐证，就是义乌小商品城。根据资料显示，义乌市场有16个大类，4202个种类，170多万种单品，市场成交额连续

19年居全国各大专业市场榜首，被联合国、世界银行等权威机构誉为全球最大的小商品批发市场。这些数字总是感觉太过空泛，难以理解。那就换个形象点的说法：如果你在义乌小商品城每个摊位前停留3分钟，每天逛8个小时，那逛完这个地方就需要一年的时间。神啊，请给我一年的假期，让我切实地体会下小商品城的魔力吧。

再说浙江人的收入。此行接触到不少的企业老总，像中南卡通的吴建荣、泰隆商业银行的王钧、杰克集团的阮福德。他们的资产自不必说，但有几个能想到他们都是穷苦出身。像阮福德，在年纪很小的时候，就跑到东北去修鞋。同行的人大部分是摊子一摆，等生意上门。他呢，为了多些收入，就在冰天雪地里，东奔西走，把生意送上门去。在20世纪80年代，当一些国家职工还拿着旱涝保收的45元/月的工资时，他每个月可以赚到2000多元。说到这些老总的成就，我们就要提到所谓的“精神”。尽管如今这个年代，提“精神”两字总会被人嘲讽，觉得太过土气，**可我分明地记得台州市官员提到的“四千精神”：千言万语、千辛万苦、千家万户、千山万水。**对比下我们北方人，或者缩小些攻击范围，只对比下我身边的人，有几个能做到哪怕只有“一千”的。只提老总的收入肯定是不客观的，毕竟还有普通从业人员。而我并没有当老板的魄力和能力，移居浙江自然还将是一个普通的从业者。我如果在那里工作，能拿到多少工资，又能享受怎样的福利呢？还是拿这几个企业来说。在与浙江泰隆商业银行老总座谈的时候，他们播放了一个宣传片。宣传片突出的特色就是体现员工的“年轻”与“高知”。员工普遍毕业于名校，他们大都为“80后”，如今已然成为银行重要部门的骨干；他们怀揣梦想，他们勇于挑战，他们笑迎明天，这就是宣传片告诉我的。当然，宣传片总是展现最美好的东西给我们，我们还是有理由怀疑。可那些实实在在的东西呢？比如关注员工健康。在等候电梯的间隙，我分明看到了电梯旁边那个与视线平行的字条，大意就是鼓励大家用等电梯的时间爬楼梯，不要把时间浪费在无谓的等待上面，要格外注重自己的健康，有健康才有未来。比如关注员工家庭。很欣赏他们的亲情“2+1”的计划。就是每个月员工的父母都可以收到300元钱，其中200元由企业支付，100元由个人支付。**说是企业发放的父母养老金也好，说是强制员工孝顺父母的截留金也好，即便有人很不屑地称之为作秀，但我个人还是觉得这场秀的设计者和表演者都是一等一的高手，这秀里不只是华衣锦服，还很高傲地闪耀着人性的光辉。**

在与杰克集团老总座谈的时候，他就提到，他们正致力于改善工友的居住条件。一提到工友，眼前浮现的往往是电视剧灌输给我们的画面：一个个破败不堪的简易工棚，拥挤地摆放着一张张破旧的床板，门前脏兮兮的垃圾废料。但是阮福德先生告诉我们说，他们企业会给服务5年以上的员工提供60平方米以上的住房。一方面关注着员工的衣食住行，一方面还在挖掘着员工的潜力。我们在杰克集团看到了员工自己绘制的漫画。有对企业表忠心的，有表现生活情趣的，也有抒发对未来美丽憧憬的。虽然没有机会与员工们正面接触，但看着那一幅幅的漫画，怎么也没办法将他们与“神态麻木”、“身体疲惫”这样的词汇联系起来。更何况，这里的老总还是一位一提起孩子就痛哭流涕地直说“对不起他”的老总，是一位认为“健康和知识最重要”的老总。

离开浙江以前，我们被邀在《嘉宾名录》上留言。其实这个东西，以我之前从事公关的经验来说，通常是被放在一个被忽视的角落积灰尘的，直到有一天一位勤快的打扫卫生的阿姨注意到，将它很体面地扔进垃圾桶。心里明明知道这个东西的价值，却还是很主动地在上面留下了自己稚嫩的笔迹，也看到了博主们留下的精彩语录，字字珠玑。我的学识远不及他们，水平远不及他们，文字功底更远不及他们，但我还是很真诚地写下了“浙江人有情有义有担当，浙江省有人有钱有未来”。

当然，逃离北京的想法一直还在发酵着，逃往浙江的想法也被老公批判为“一时的头脑发热”，但我正试图通过更多的渠道了解浙江，体会浙江。相信有白居易笔下的“江南忆，最忆是杭州。山寺月中寻桂子，郡亭枕上看潮头。何日更重游”；有马云所说的“不管事的婆婆是最好的婆婆，不把自己当父母的官是好官”，我应该可以说服老公随我南下。如果真有那一天，还要请浙江的兄弟姐妹们多多关照才是啊。

Chengs122:最近跑了一趟浙江、江苏，那个美，那个富裕，那风土人情、那动听的“吴侬软语”让人流连忘返！

天涯看客：呵呵，看来浙江将又多一位网络美女高手呐！浙江听懂了吗，还不赶快引进人才啊。

华阳杨：有人辞官归故里，有人星夜赶科场——呵呵，我就想“逃”到北京。

草根博主赴浙的解读

http://nanhai.hinews.cn/viewthread.php?tid=2169656&pid=3621323&page=1&extra=#pid3621323

刚峰

在中国改革开放的30年中，无疑浙江成就最大。

浙江省委、省政府的锐意进取、藏富于民等战略布局，给浙江大地带来了勃勃生机，其中最为引人眼球的是富裕起来的农民盖的乡村别墅，可谓遍地开花，成为一道亮丽的风景。

浙江的改革直接的效果就是造就了成千上万的农民企业家。这些企业家及所属企业的性质，被官方称为“民营企业”，而网络及坊间称他们为“浙商”，就是浙江籍贯的商人。

从商的浙江人及所属的民营企业与民营经济异常发达。

据相关资料显示：目前约有500万浙江人在国内和世界五大洲创造财富，浙江人在外设立的市场主体近80万家，注册资本金2000亿元，投资总额达6000亿元，各种不同形式的商会、促进组织就有150个。

在美国，万向集团美国公司是这个国度的三大汽车配件供应商之一；纽约的曼哈顿，也活跃着温州人的身影。有5万多家浙江企业在上海发展，其中有一定规模的有2000多家。平均5家在上海注册的外省市企业中，就有一家来自浙江。在上海经商的浙江人多达50万人，所办企业注册资本达610亿元。

在历年的全国民营企业500强排序、福布斯财富排行榜以及各类慈善纳税榜上，浙商以及他们领导的企业都榜上有名。2003年，浙江民营企业已经有30多万户，产值8270亿元，出口创汇1211亿元，这些指标连续8年稳居全国第一。同年的中国民营企业家综合实力排名500强中，浙商占了188位，居全国之首；在全国十大民营企业中，浙商占了4席。

经济学界对此的评论是，以前是“有市场的地方就有浙商”，现在是“有浙商的地方就有市场”。专家学者们把浙江改革成就称为“浙江模式”或“浙江现象”。这就是浙江省改革开放有别于其他省市取得的耀眼成就与特色！这一特色正成为全世界关注的热点，也成为许多著名经济学家口中笔下的经典作品。

无疑，浙商的崛起是现实的，“浙江模式”横空出世是惊人的。然而，浙商为何会在神州大地忽然崛起？崛起的根本原因是什么？有哪些规律性？新浙商与历史上的浙商有何本质的关联？崛起的浙商在一片叫好声中是否存在着危机与问题？浙江省政府对本省的民营经济发展有何新的举措？

诸如此类繁多的问题与疑问，有许多专家学者教授都有过深刻的论述与剖析，轮不到在下说话。本来，我一介网络草民蛰居海南十余年，浙商的发展本与我无大关系，然而，10月22日，非常荣幸地被邀请前来参加为期一周的“人文浙江”专家博主笔会，并受到了浙江省委书记赵洪祝的接见。**一个大省的省委书记能亲自邀请来自全国的网络写手**

们共聚一室，聊天交流，且非常和气谦逊地请大家提意见，这本身所折射出来的意义就值得深层次解读。

不知道其他博主是什么感受，我是有点诚惶诚恐，这可是我平生第一次见到这么大的官。联想到我在海南网络混迹十余年，写过近百万字的帖子，为民生民情请命，有时想同帖中所关联的市县领导，甚至乡镇领导对个话，沟通一下，都被拒绝，更何况见省委书记？

我来浙江之前，正逢海南遭灾，文昌市因赤纸水库决堤，大水淹没了数十个村庄。我第一时间赶到灾区，除组织网友们捐赠救灾外，当时很想跟当地领导沟通一下，反映民情，可惜领导都太忙。而后，我不得已将民怨发帖于网络，引起了网友们的巨大关注。强烈的民意诉求，才让当地的宣传部门打来电话“想和谐”一下，我也非常乐意，并提出希望能与当地主要领导对话。可惜，至今没有回音。

海南作为全国改革开放最大特区，官员们却忽视民意，而对比浙江，一个中国最大的经济省份，省委书记如此礼贤下士，不由令我感概万千……

本来海南的网络发展在全国都属前列，这么多江湖高人会聚海南的几大网站，发文写帖，其所聚集的民间智慧本是海南的宝贵财富，可从未见海南相关方面举办过类似浙江和其他省份的全国博客笔会，也没有听说过一个市县主要领导想与网友们对话来体现公民社会的需求。

冰川仙女：写了这么多发自内心的话，看来是一气呵成的。看了与台州的企业家对话时的发言，很直白、很深入地提出了自己的意见和观点。的确，这个社会还有许多的不足，也正是现今社会的通病——一味追求经济发展，忽略城市细节。其实，温州的城市市容更糟糕，因为温州的政府没有钱，财政收入大部分上缴国家，剩下的反哺企业发展了。

浙江的未来还有很长的路要走，近年来经济发展遇到了很大的“瓶颈”。以往大家都拿江苏和浙江进行比较，不管是GDP总量还是人均，再到百姓的收入，浙江的增长率远远落后于江苏。作为一名浙江百姓，我们也担心、也困惑：浙江怎么了？而以往比较欠发达的中西部地区经济正在疯狂地增长，至于民生是否等价增长我不清楚，但至少我知道在浙江，治安好，社保体系比较完整，出行交通也颇为便利，人们的生活娱乐也比较丰富。虽然有很多社会问题，比如高房价、城市拥堵、看病贵、读书难等，但是有一点是浙江人的共识：我们的农民日子过得比城市人好，整体幸福感比较高。浙江有很富有的城市，也有很贫困的山区，但是，大家都在为将来努力奋斗。改革开放带给浙江、带给中国的是更加美好的明天。

当然，这是杂话，暂且不谈了。

10月23日上午9点，来自全国的近20名知名网络写手与凤凰、腾讯、新浪、网易、天涯、搜狐等全国性商业网站的博客频道编辑们与浙江省委书记赵洪祝，齐聚省人民大会堂。陪同的除了省委常委、宣传部部长，还有秘书长等相关部门的负责人。赵书记来到每位博主面前，主动与我们握手。当主办方省委外宣办的领导把每位博主的写作特点与人气指数告诉省领导时，我感觉到了浙江人的真诚。**从与赵书记一小时的聊天中得知，浙江请网络名博来省考察民营企业，旨在听取来自网络亦民间的看法与意见。不是来作秀！**

请江湖人士进庙堂，共商省策，这是浙江的首创，也是全国的首次，其意义非常深远。

浙江首次邀请网络博主赴浙，不只是单一的宣传部门的行为，更是执政为民、体现公民社会的一次大胆尝试。从我们一行一周的安排来看，上自省委书记、宣传部部长，再至所到的市县一把手及对话的民营企业老板，下达区乡镇的领导及陪同的省新闻办、浙江在线的领导与工作人员、随行记者，浙江方面可谓是尽遣主力。不仅热情洋溢，而且礼数周到，亲和随意。**所到单位开放公开，所对话的政府与私企老板性情坦诚。**

一周之行，浙江方面没有安排宁波、嘉兴、绍兴等发达地区，而是有选择地安排了台州、金华这两个正在崛起、充满活力的市。这些城市与当地企业让我们耳目一新。虽然一周之行有走马观花之匆忙，但感触与收获之深之广是历年我参加其他省份博客笔会所不曾有过的。

我想，浙江方面邀请草根博主赴浙，并不是想听歌功颂德之词。

我有一句话：**高手出自江湖，智慧来自民间。**既然我是以草根博主的身份来浙江采风，那么就从草根的角度，谈一些草根的看法与意见。此次来自全国各地的20名名博主的博客点击率都在1000万以上，如果一味歌功颂德而不“拍砖”，那么我们背后那几亿“粉丝”就要拍我们砖头了。

我就将此行对浙商崛起的不成熟的观察与看法，概括为：“一秘二惊三忧虑”，算是交份作业吧。

为义乌国际商贸城空中停车场叫好

http://blog.sina.com.cn/s/blog_4c1104ee0100mghg.html

严建设

我曾见到最壮观、有序的停车场是在东京的迪士尼乐园。那个壮观和有序的场景相信会令所见之人为之赞叹，上万辆汽车密密麻麻、整齐进场、停放，一排排充电站点，不停鞠躬的日本导车员，嘴里不停喊叫“阿里亚多古扎伊马斯”，让人心里宽松很多。我出旅日本，眼见纵使在人口密度很大的东京，堵车现象也不是很常见，而东京很多道路也不是很宽，相比之下，西安的道路总体上要宽得多。感觉主要是日本驾驶员脑子清楚、自律性强。

现在游逛全国各大城市，很多城市不仅为堵车烦恼，而且更烦恼的是泊车。众多城市正闹停车位荒。找不到停车位，胡乱停在路边，刮擦了没人理会，还得防盗抢。

就拿西安来说，每回举办活动，举办方心里都没底，市内车辆、郊县车辆、外地车辆来了后咋停，停在哪里，这些都成问题。比如曲江会展中心，每次举办大型活动时，无数车辆就胡乱停在路边，有时紧张了甚至停在快车道上。国庆节时我曾发帖，呼吁大家出行绕开热点旅游区。相信不久就会有新名词问世，叫做“停车恐惧症”。

去义乌国际商贸城前夕，查看资料，有400余万平方米营业面积、6万多个摊位，现在经济发达了，私家车拥有量很高，尤其是富裕的南方地区，私家车人均拥有量几乎占据全国之首。“如何停车”就在我脑子里打了个大大的问号，尤其我们乘坐的大巴在车族群里算是庞然大物。

在大巴接近国际商贸城时，我就透过玻璃窗向外查看和拍摄，很快看到楼宇间透空的走廊没玻璃窗，一辆辆汽车在盘旋上升或下降，心知是高空停车场。我颇孤陋寡闻，高空立体停车场在国内还属第一次看到。高空停车场圆柱形的顶层上有巨幅“进口商品馆”字样。

据悉义乌的三期市场停车难问题得到了很好解决，因三期市场采用了目前国际上最先进的全方位立体式停车场设计。整个市场的屋顶、楼层、地底都设置停车场，市场内还建有高架车道，车辆可达市场各个楼层，整个市场拥有停车位7000余个，分别分布在屋顶、地下一至二层、室外地面。其中，地面车位776个，地下车位4630个，屋顶车位1379个，车道临时车位274个。三期停车场就能提供停车位7059个，能轻松解决以往停车难的问题。

在偌大的地面停车场里，看到精明的义乌人用车子打广告，占据有利地形，车身上醒目地写着收购库存、现场拍板、现金收购、电话等。

从2010年秋冬开始，随着车辆的与日俱增，义乌市内亦将筹划建造立体停车场。热盼将来在西安乃至全国各大城市也能看到全方位立体停车场。

周至冷娃：好像上海南站也有空中停车场，非常壮观。现在的人脑子太灵活了！地上资源用光，就动用空中的无限资源。

何妨学学杭州不要钱的自行车

http://blog.sina.com.cn/s/blog_4c1104ee0100mmvq.html

严建设

我在萧山国际机场乘坐商务车。驶入杭州，感觉杭州市区的交通相对而言还算不错，有时流量稍大，有时路况还算空旷，不似西安过拥堵。那天我们午后2点进入杭州，看看所拍照片即可得到验证。杭州在上下班高峰期也堵车，但若与西安相比，我汗颜而无言。

看到路边自行车停放处，一排排大红色自行车整齐停放，遮雨棚上有“共建生活品质之城”字样。与当地接站人员聊起，说杭州市政府自2009年以来，已免费布置了2万辆公共自行车，在市区很多街道都设有停车点。市民交200元押金，领一张卡，到无人管理的自行车保管站，那卡在POS机上当开锁钥匙，就能免费推出一辆使用，到另一站还可以还车换车。维护、修理、打气都不用管。在闹市区，保管站大致间隔500米一个，很受市民欢迎。**市民等于不花钱享受市政府提供的便捷交通工具，还低碳环保。**

若能骑自行车回家，几里路长短对于中青年人来说，活动一下确实是首选，我还会双手撒把呢。省得上下班高峰期，挤在寸步难移的车流里干着急。但我颇疑虑：那钱从何而来?

对方说：钱有啊，一部分是企业赞助的。自行车身有企业的广告宣传语，企业与政府双赢，政府与市民一举两得。固定租车点能通租通还。其余章程为：租车费用为1小时之内，免费；1小时以上2小时以内，为1元；2小时以上3小时以内，为2元；3小时以上，每小时3元。

再问：没人看管？那被贼娃子偷了咋办？

回答：没人偷的。不花钱能用，谁偷？自行车都是固定式样花色，一看就是市政府免费提供的，偷去也没人敢销赃、也没地方销赃啊。除非脑子被门挤了。

我感觉这是个好办法，说明杭州市政府为节约交通资源动了脑子，确实在为老百姓着想，其他城市不妨进行调研，好好学学，也许能有效缓解城市里令人烦恼的拥堵问题。**这项举措不仅给市民提供了很大便利，也让外来务工者、外来旅游者都受益匪浅。能不花钱办好事，解决了出门难的大问题，杭州不愧为宜居城市。**

据说若想健身旅游，想骑好点的自行车、变速自行车、山地自行车、城市旅游休闲自行车的话，就得花钱租赁了。杭州不但有免费自行车，更有能花钱租赁到的自行车供人选择。西安若能照此办理，我举双手欢迎，不知操作起来难度如何。

检索得知：

杭州目前正在构建公共自行车交通系统，是按公共服务定位进行构划，在国内尚无先例，与国外的公共自行车系统也有所不同。对此，整个公共自行车交通系统将依托公交，按照政府引导、公司运作、政策保障、社会参与的原则构建，目前各项工作正在有条不紊地开展。发展杭州公共自行车系统体系，构建公共交通与自行车换乘（B+R）及停车换乘（P+R）组合交通模式，是延伸公交服务，提高城市公共交通机动性和可达性，吸引小汽车出行者改变出行方式，节约道路资源，减少环境污染，缓解“出行难”问题的重要措施，也是市委、市政府坚持以人为本，以民为先，实施公交优先，提升城市知名度和美誉度的又一重大理念创新。根据一次规划、分步实施的要求，已于2010年5月1日起在景区、城北、城西范围内以公交首末站为核心，以名胜区、小区、商家、广场等为节点，设多个试点区，并设置62个租车服务点。

为梦飞翔YXL：欣赏，便捷交通。可是，感觉武汉的免费自行车和武汉的交通状况就不怎么样了。

小丫：构建、发展公共自行车交通系统应该在全国普及。

璞水：好事！值得大力倡导啊。

浙江最独特的五个方面

http://blog.people.com.cn/blog/c3/s281648.w1288344427464537

郑风田

我最感兴趣的，也是这么多年来浙江给我留下印象最深刻的有5个方面：民营经济、温州模式、块状经济、信用浙江、文化浙江。

关注"浙江现象"其实已很多年了，不仅仅是因为浙江经济发展卓有成效，产品出口迅猛，民营经济发达，是文化大省、院士大省，其实还缘于其他多方面原因。近年来也多次到浙江调研，特别是近期在"人文浙江"的支持下，我又对台州、义乌、东阳等地进行了考察，印象深刻。总结起来，浙江有五个方面令人印象深刻。其一，温州是全国最早实行承包到户的地区之一；其二，以民营经济为主的浙江"温州模式"；其三，浙江的"第三意大利"现象；其四，信用浙江的打造；其五，文化大省的浙江也成了经济大省。具体如下：

其一，温州在全国最早实行承包到户。

过去我们一般以为安徽小岗村是我国最早实行承包到户的地方，其实不然。温州的永嘉比凤阳实行承包到户要早许多年。承包到户是我国改革开放30多年来最重要的变革，拉开了我国农村改革乃至整个改革的序幕。没有农村改革，也就没有今天的一切。温州永嘉在"文化大革命"时由于人民吃不饱肚子，是我国最早在农村实行承包到户的地区之一，是改革的先锋队之一。在当时政治风险极高的情况下，温州人敢于这样做，反映了温州人敢作敢为的性格。这种大胆、敢为天下先的性格成就了温州，当然也带来了诸多的异议。

其二，浙江的民营经济发展在全国独树一帜。

民营经济，其实就是区别于国营的经济形式。过去"一大二公"，公的东西越多越根红苗壮，越受到重视。以温州为代表的浙江各地从本地的实际情况出发，重点发展非国有的民营经济，形成了"温州模式"，也就是主要由个人创业办私营企业，以区别于苏南的集体办企业和深圳的"三来一补"。从目前来看，这种模式已从过去的我国公有经济有益补充慢慢过渡到起重要作用，未来其作用与意义会更大。

其三，浙江的"第三意大利"现象。

也就是目前在浙江遍地开花的块状经济、专业镇、产业集群，这种模式为小企业战胜大帆船找到了最佳的模式。小企业通过集聚在一起，进行极细的产业分工，成本很低，性能价格比最好。任何一个产业链的环节可能都有数十家、上百家甚至上千家小企业在生产，充分的竞争，大大降低了产品价格，最后组装起来的产品在市场上也最具竞争力。这种模式最早产生于意大利最贫困的地区，而目前我国的农业块状经济属山东做得最好，而工业是浙江与广东做得最棒。

其四，浙江发起的"信用浙江"行动。

中小企业最要命的是作假，如果一个产业集群都是做假货，原来价格优势可能被恶劣的名声所代替。意识到这种问题后，浙江前些年一直大力推广“信用浙江”，这是一项极为重要的活动。假冒伪劣产品如果横行，不但大大增加了交易成本，使人与人之间的不信任感增加，也给整个社会添加巨额的交易费用，诸如各种严格的防范措施以及各种繁文缛节的法律合同。如果创造一个好的环境，对于违规者进行严厉打击，大家都守信用，这样高度信任的社会不但是一个和谐的社会，而且更是一个交易费用很低，很节约，也高效率的社会。发达地区与不发达地区一个最大的区别就是信任度有很大的差别。贫困落后地区一般信任度极差，这种差信任度也是导致不发达的原因之一。哈佛大学经济系一位年轻的教授Nunn最近研究非洲为什么贫穷的问题。他有一个很有意思的发现，那就是非洲越是信任度差的地区，经济发展越落后。而信任度差可以追溯到奴隶贸易时期，那时不少人很可能是被亲戚朋友偷偷卖掉的。奴隶被卖掉越多的地方，人与人之间的信任度也越差，以至于几百年之后现在的经济发展水平也越落后。Nunn的发现告诉我们，恶劣的文化或者习惯一旦形成，将持续数年难以消除。比如非洲的这种不信任，偷偷卖人，使人与人之间的信任关系遭到破坏，这种破坏会更进一步地恶化信任关系，在数百年之后还有可能对经济发展与人的行为产生负面影响。**文化、信任、传统等过去被忽视的东西，目前已成为经济研究的最热点问题之一，因为有许多现象单靠资本、劳动、制度无法解决。**比如同样在中国的土地上，为什么不少地区发展缓慢，而有些地区发展迅速？文化、传统、习俗等在经济发展中所扮演的角色被愈来愈多的有识之士发现和重视，因此有意识地引导，除弊兴利非常重要。浙江发起的“信用浙江”建设，其实是想创造一种良好的文化规则，从而培育良性的文化。

其五，文化底蕴与经济发展的关系很大。

我国一直存在一个独特的现象，那就是间隔一段时间，出现“读书无用论”现象，认为书读多了其实没有用。浙江是我国一个教育、文化大省，出了不少高考状元、院士。这些年浙江经济发展迅猛，这跟浙江的文化底蕴有密切的关系。越是文化落后的地区，某种程度上经济也落后。日本经济之所以这么多年来在世界上位居前列，跟日本国民整体文化素质较好有密切的联系。所以文化与经济并不一定成反比。文化大省一定会成为经济大省。

当然，浙江近年来在发展中也面临新的问题，比如：小型民营企业如何做大做强，而不是一味地拼价格？老一代创业者由于年龄等原因将要把事业转交给第二代时，这批“富二代”能否顺利地接班？“富二代”从小生活优越，没有吃过苦，能否把老一代浙商的优良传统传承下去？

shinyding：奇怪，反映中国经济比较真实的正面的文章，往往没人评论；一旦写一点中国如何如何差和落后的文章，则跟帖无数。呵呵！我就是浙江人，觉得日子过得还行。经鉴定，该文基本属实。

会稽风月：浙江是资源小省，唯一的优势就是靠海。浙江没有深圳20世纪80年代、浦东90年代的政策优惠，但浙江人勤劳、善良、肯吃苦，才打造成如博主所言的模式。为浙江叫好！

杞公：的确，浙江的发展是比较全面、比较扎实的。

我国最富有的乡村在哪?

http://blog.sina.com.cn/s/blog_5dcb597f0100mm26.html?retcode=0

郑风田

百万富翁上百万个，千万富翁不算富，这样的县域乡村在哪?

过去我们提到农村就是一个“穷”字，其实这都是老黄历了。改革开放以来，一大批农村已率先致富。北京、上海等大都市郊区的农民靠着土地增值，很快富了起来。据说京郊有些农民光靠拆迁补偿款就能成为千万富翁。华西村、永联村等中国超级村庄十分富有。但如果论及整体富裕而不是个别富有，我看应该属一个地方——义乌，就是那个靠小商品批发发家、知名海内外的县级市。

千万富翁不算富。

义乌虽然名声在外，被笑称为“义乌省”，但实际上只是一个县级市，位于浙江省金华市，但其名声比金华市大多了。20多年前，县城还只有2.5平方公里，现在城市面积已达到85平方公里以上，扩大了30多倍，但百姓的收入增长倍数就比这个数据高多了。全市目前的财政收入75亿元，GDP为500多亿元。与一般的县级市财政收入几个亿相比，义乌的财政收入相当可观；但与全国百强县之首的昆山市2000多亿元的GDP相比，还真差了不少。但义乌有一个现象，那就是“民富”。据义乌市委书记讲，义乌的百万富翁就有上百万个，千万富翁不算富。已经实现真正的民富了。外来人口与本地人口加在一起也就200多万人，居然有上百万个“百万富翁”。这些百万富翁大多数是本地农民，所以该地在全国县域经济中是最富有的乡村了，至少应该排在前几位。

百姓富才能算真正的富。

由于民营经济的发达，浙江的民富现象明显，也就是说“藏富于民”。虽然昆山的GDP居高不下，但基本上都是一些外资大企业实现的“数据虚高”，当地普通百姓真正能受益的并不多，是一个“企富民不富”的地方，老百姓手头的钱与GDP相比少得可怜。单纯追求GDP，引来几个大企业或者建几个大钢厂就可以实现了，但当地百姓除了被拆迁分到拆迁补贴，能否就业就是个大问题。而通过发展民营经济，百姓创业致富，才能实现真正的民富。

农村户口值“百万”?

前一阵子媒体炒作“逆城市化”问题，也就是讲有不少人想法设法把城市户口迁回

农村去。这次去浙江考察，也切身感受了一回。浙江近年来农村工业化发展快速，已经形成大规模的城市群，农村城市连成一片，城乡差距已大幅度缩小。发达的县域经济、块状经济、专业镇使农村工厂、市场遍地开花。许多百姓都自己办厂开店，积累了大量的财富。如果住在农村，按照目前我国的农村集体所有制，就可以免费得到一块120平方米的宅基地，这个可是城市户口的人做梦都求不来的东西。如果在这个宅基地上建三层小楼，那就是360平方米。目前仅这块宅基地的市场价格平均就得上百万元，当然地段好的，离城市近的就值更多了。浙中等许多地方城乡连成一片，交通发达。如果多建几层楼，价格更贵，600多万元一幢小楼放在大城市如北京、上海、杭州可能得几千万，而在浙江的富裕的农村，几百万的价钱很平常。这个账谁都会算，所以“逆城市化”的现象，其实就是追逐利益。只有农村富了，大家才不愿意把户口迁走，能够享受发展带来的好处。如果我国未来大部分农村都发展成这样，农村就没有人不愿意待了。美国在20多年前这个现象很明显，富有的人都愿意搬到郊区住，那里有便捷的交通、新鲜的空气，当然比拥堵的城市强太多了。但我国目前农村工业化比较发达的地区也就集中在长三角、珠三角，以及超级城市如北京、上海等郊区，其他大部分农村还依然不富裕甚至贫困。

追日：通过发展民营经济，百姓创业致富，才能实现真正的富有。

浙江农村容积率“被提高”

http://bianhongdeng.blog.sohu.com/162121285.html
卞洪登

我作为中国房地产学会副会长，出外考察最关心的就是房子问题。果不其然，我在浙江笔会走马观花时看到了农村房地产发展的曙光。一直被全国人民忽视的农村房屋容积率问题，开始在浙江得到高度重视。本来只拥有一层平房的农民是没钱将平房改造成高楼大厦的，所以2亿多户农民的宅基地，是全世界容积率最低、最铺张浪费的土地利用率。

到海外旅行的人们，一看到欧美国家遍地两三层的高级别墅，就骂中国的房子太落后了，到处都是“矮趴趴”没格调的丑房子，让外国人看了大煞风景。但是当人们到了浙江以后，这种印象就完全转变了。一出萧山机场，我便看到四周的农民房如雨后春笋般拔地而起，形成了遍地都是三四层以上的小洋楼，有些工程地质好的农舍，已经直线上升盖到六层以上。这种状况与用地紧张的越南河内居民差不多，总想方设法抬高土地利用率，让房子的容积率高一点，再高一点。

在今天执行中央1号文件最坚决的是浙江省；实施强镇战略，投放巨资，把农村容积率普遍提高的也是浙江省。据浙江在线网站美女记者刘卓文介绍：人多地少的浙江省，房价地价普遍高于全国。为了提高农村建房容积率，家家户户都在打听往高空发展的建筑图纸和技术。为了确保整齐划一的建筑安全系数，许多分散的村庄，已经开始集中规划，许多低矮的一层旧房子现在被改造成为四五层以上的小洋楼和形态各异的美丽公寓。尤其那些依山傍水的风水宝地，大家都愿意上缴差价款，优先获得。如果再加上现在热抢的商业门面房，许多参与提高容积率的村委会，都能额外获得数千万元的择房费收入。

现在浙江广大农村，提前集中改造农民旧房子，主动提高农村容积率，确实美化了社会主义新农村，同时也为城市向郊区扩张提前做好了拆迁统筹的准备工作。

笔者长期主张农村城镇化发展，迫切希望中国2亿多户的农村房屋能够与城里一样，同样享受到可抵押、可转让的房地产市场待遇。假如浙江那些“被提高”容积率的房屋都能够流通交易，那么就能够吸引更多的城市工薪阶层到农村购买廉价、实惠的房子。尤其是位于萧山机场旁边的一户五六层高的农民小洋楼，按层卖可疏散吸纳四五户城里人。假若房价是3000元/平方米的话，那么大家就会放弃城里3万元/平方米的高房价，到农村“上山下乡”。到那时，无须中央多下打压房价的文件，中国的高房价发展势头自然就会被遏制住。

现在浙江提高农村住房容积率已经走在了全国前列，只要国家允许农村房子进入市场、公平参与市场竞争那一天到来，未来的城乡差别二元化结构就会迅速被打破。到那时，浙江“被提高”的农村容积率就会值大钱，造福更多黎民百姓，对全中国的示范带头作用那就太大了！

年少、轻狂：与现在的城市比，农村根本就不比城里差！
阳光的味道：浙江一心想令更多的黎民百姓富起来，对全中国所起的示范带头作用太大了！
小酸枣：浙江人住的条件就是好。现在的城市太拥挤了，有啥好住的呢。

浙江，从城乡统筹到城乡一体、城乡融合

http://blog.sina.com.cn/s/blog_473d280c0100lgby.html
葛红兵

浙江的城乡统筹和一体化发展改革是走在全国前列的。2008年，我参加世博会中国馆陈展设计，其中很想关注一下城乡一体化发展的新动向，研究一下城市化发展下一阶段的新问题，当时，很多部门推荐了浙江。浙江的一体化发展思路，值得推崇。《浙江省2006年城乡统筹发展水平综合评价报告》显示："处于初步统筹阶段的市县已全部消除"，而"宁波、嘉兴、杭州、舟山、绍兴和湖州处于整体协调阶段"，浙江在全国率先实现农民热爱自己的身份、珍惜自己的身份，甚至出现迁出农民乐意重新"变回"农民的情况。

当时调研的时候，我们发现嘉兴已经基本实现交通、通信等零距离一体化。在"环境质量综合评分"、"城乡信息化水平比率"、"农村安全饮用水覆盖率"、"城乡人均教育事业费比率"、"城乡人均文化娱乐教育、医疗保健支出比率"、"城乡低保水平差异度"、"城乡居民人均收入差距倍数"等指标方面，城乡差距进一步缩小。

2004年，嘉兴开始实施城乡一体化发展战略，到2008年《嘉兴市打造城乡一体化先行地行动纲领》出台，嘉兴的城乡一体化建设实现了第一步跨越。2008年初，嘉兴人均生产总值超过6000美元，农村居民人均纯收入超过万元，城乡居民收入比为1.98∶1，等级公路通村率和路面硬化率均达到100%，所有行政村都有公交车到达。城乡一体化供水人口覆盖率已超过62%；所有自然村都有了宽带接入点；城乡社区卫生服务中心和服务站基本实现全覆盖；31万名被征地农民中，20.2万名纳入社会保障；城乡居民合作医疗保险制度在全市乡镇、行政村的覆盖率达到100%；嘉兴市推出城乡居民社会养老保险，将城乡居民纳入了全覆盖的养老保险体系。

这些打破了城乡二元结构的坚硬外壳。嘉兴市在确保农民利益最大化的前提下，通过土地使用制度改革，节约集约利用土地，转移农民、减少农民，推动工业化和城镇化进程。这项工作被命名为"两分两换"改革。

嘉兴平湖新埭镇原先户均宅基地1.2亩，通过集约化居住减少到0.5亩，节地效果明显，而节地部分转化成各项社会保障和公共服务。

城乡二元结构、二元制度在中国已经有半个世纪，由城乡统筹而追求城乡一体，最终实现真正的城乡融合，道路不会平坦。但是，嘉兴走出了自己的路子。2010年6月，嘉兴市最大的城乡一体新社区——桃源新村建成并迎来农民落户，是由整体统筹发展而“城乡一体”，并逐步走向“城乡融合”的一个重要标志。

定位于城乡一体新社区，桃源新村的建造充分考虑到了农民生活习惯和需求。更重要的是社区文化建设，这是从一体化走向融合的新格局和新要求。为了营造温馨的社区文化，从2009年初开始，姚庄镇在全镇范围内公开征集社区管理温馨提示语，这些由住户自创的提示语将陆续出现在社区的公共场所。刊有社区管理内容的简报《桃源新生活》，更像是社区管委会发出的一份“邀请函”。新社区投入使用后，还要创作一批赞美社区的文艺作品，组织几次文艺晚会，让住户早日将“心”搬迁进新社区。

漂亮阿姨征服了十万户海州人

http://bianhongdeng.blog.sohu.com/162592690.html

卞洪登

祖籍浙江绍兴的钱芳莱阿姨是江苏海州地区远近闻名的大美人：高高的个子，皮肤白皙，长发飘逸，眼神羞涩，鼻梁高挺，脸上总是带着微笑，十分可亲。有人赞美漂亮的钱阿姨是绍兴诸暨镇西施美女再世。她生了一个帅气的儿子叫高明凯。1965年，高明凯与我手挽手走进了海州锦屏中心小学。直到今天，同学们回忆起还赞叹不已，说我俩是当年锦屏中心小学一道亮丽风景线。可是在我的心目中，漂亮的钱阿姨才是30多万海州人民心目中的美丽风向标。

1980年，改革开放的春风已经让钱阿姨一家人忙得不可开交。钱阿姨心灵手巧，裁制的衣服非常合身，海州地区的男女老幼都喜欢让她量身定做衣服。一些国营的裁缝店、被服厂都被她家的小作坊顶得没脾气了。有些头脑灵活的人，还帮助钱阿姨从绍兴直销各种布料，做起批发生意。由于浙江产的花布质地好，色彩鲜艳，又比海州供销社层层加价批发来的布料便宜许多，所以，钱阿姨越发有了市场人气。

为了让这类得民心的事情做得更好，我在1989年调往北京工作之前，把分管的18家企业通通推向市场。其中在竞争中被浙商顶得关门大吉的海州锦屏被服厂，也彻底改制转由民间承包经营。后来听说这个厂几经转手，最后钱阿姨在家人的支持下，挺身而出，接手这家被服加工厂。今天海州地区几十万人穿衣戴帽之事，都被从浙江嫁过来的“西施”阿姨包办了！

浙江省在中国改革开放中摸着石头过河，创造了无数奇迹。而身为浙江人的钱阿姨，却在江苏海州等地办起了浙江厂家的直销点、批发点。由此不难看出，浙商在全国各地人民心目中的根是扎得很深的。

12345：漂亮的钱阿姨是很有本事的当代女性。钱阿姨，你是浙江人心中的偶像和楷模。

杭州荣业办公家具：中国女性的骄傲，咱们绍兴人的骄傲。

浙江如何疏通各种人才“关系网”

http://bianhongdeng.blog.sohu.com/162429219.html

卞洪登

一无雄厚资金，二无高新技术，三无特区政策的浙江省，与广东、上海、江苏比实实在在是个“三无”省。但是浙江的省长书记们靠疏通各种人才“关系网”，让国际上游资本和高新技术流进了浙江，让曾经是“七山二水一分田”的贫困省，变成了一个市场经济特别繁荣、生产关系特别和谐、各项指标腾腾往上升的经济强省。

例一，靠50万海外浙商“关系网”，一个名不见经传的汽车民企“吉利”，一跃完成了“蛇吞象”，兼并掉百年老厂、世界名牌汽车品牌“沃尔沃”。

例二，靠温州商城和义乌小商品市场两个品牌效应，浙江省不但在全国各地建立了市场网点，浙商还在欧洲和中东等地建立连锁的温州商城和义乌小商品市场，从而形成了50万人在世界各地、300万人在全国各地的浙商关系网。

例三，人多地少的浙江人除了爱往外跑做生意之外，现在还用自身的魅力，吸纳了世界500强中的260多家企业在浙江落户，吸纳了众多阿拉伯商人，以及印度、俄罗斯商人在义乌和杭州等地落户，形成了外商军团“关系网”。浙江省还凭借山水相依的舟山群岛，吸引了大上海在小洋山等地投入巨资。昔日的荒岛，变成了现代化的大上海新港城，其中集装箱码头以3000万标箱吞吐量，成为世界第二大。再次证明浙江省靠邻居的“关系网”，成了“点石成金”的魔术师，一个8万平方公里的“海上浙江”将会在东方冉冉升起。

1998年，中央领导只讲了一句沿海地区应率先实现现代化，浙江省主管农业的章猛进副省长，就大操大办把中国农业科学院院长卢良恕和农业部刘培植等老部长请到浙江，研讨在穷山沟里率先实现农业现代化的可行性。当时我有幸以国务院发展中心特邀研究员的身份，也在大会上介绍了美国、日本、韩国和我国台湾农业现代化的发展经验。

2003年，我以外经导报社总编辑的身份，应邀带领舟山渔业技术考察团到巴西、秘鲁等国洽谈网箱养鱼和海外捕捞事宜。此行让我深刻领悟到了浙江人编织全球化发展人才网的雄心壮志。

今年秋天，作为搜狐等网站的意见领袖，我再次应邀造访浙江大地。从宣传部长茅临生一席谈中，获悉了浙江省长书记们都十分喜爱“上网冲浪”，与网结缘，喜欢从网上获得全世界最快资讯。赵洪祝书记在与博主的会见中，用一个小时时间，如数家珍地把全省过去、现在和将来的三大发展数据一股脑儿清晰地灌输给了来访的网络传播人士，编织成推动浙江经济继续提升的人才“关系网”。

“富二代”，变异中的希望

http://luotianhao99.blog.163.com/blog/static/111765349201092711825525

罗天昊

著名浙江企业家阮福德在被人问到自己的孩子是否会接班时，这个此前还神采飞扬的中年男子竟然顷刻泪如雨下，直言对不起孩子，导致孩子多年来游离在自己的视线之外，对父亲的产业不感兴趣，也不愿意接手现在的产业。

事实上，阮福德在愧疚的背后，是否亦应该有一份欣慰？儿子在自己的人生视线之外，对于儿子自身来说，某种意义上，何尝不是一种最佳的选择？

经过多年发展，很多中国企业都到了寻找接班人的时候。而很多企业家首先将目光投向了自己的孩子，希望孩子传承自己的衣钵，延续家族的光荣。

事实证明，在传承与变异之间，恰恰是那些发生变异的二代，能够长江后浪推前浪，在时代变迁中，完成企业乃至产业的嬗变。

在珠三角，父子之间的变异故事曾多次上演。曾经的微波炉大王梁庆德，将权杖交给自己儿子梁贤昭，而梁贤昭则决心进军空调行业，开创属于自己的事业。虽然格兰仕的转型目前尚算不上彻底成功，但是格兰仕在“二代”时期，实现了从微波炉行业到空调行业的转型，则是不争的事实。

在环渤海三角，河北的海鑫则走得更远。

2003年1月，李海仓遇刺，年仅21周岁的李兆会不得不中断了在澳大利亚的学业，回到国内继承了由其父亲一手建立的海鑫钢铁集团。他对家族给自己安排的未来没有丝毫准备，刚接班的时候，由两个叔叔陪同一起去出差，甚至出现了“主宾颠倒”的场面。

与一般的“富二代”被父亲逐步培养的模式不同的是，突然接班的李兆会更多了一份决绝的勇气。在李兆会的手上，海鑫竟在短短几年内发生了新的飞跃，成为大家业。

2003年，李兆会接手的当年，海鑫总产值超过50亿元，上缴利税超过10亿元，为当地财政贡献3亿元，成为历年来海鑫发展最迅速、最好的一年。2004年，李兆会在总资产只有18亿元的情况下，花费6个多亿的巨资购买民生银行股份，胆识更胜其父。同时，海鑫还参与兴建杭州湾跨海大桥。2004年，海鑫完成总产值70亿元，实现利税12亿元。同年，海鑫被评为全国民企纳税第一。

同时，李兆会实行“资产出晋”的战略转型。SARS肆虐期间，李兆会带领人马，多次前往广西钦州，最终敲定了第一期投资80亿元的投资计划。到2007年，广西新厂超过海鑫闻喜本部，成为海鑫钢铁业的主体，海鑫由此获得飞跃性发展。

接班数年以来，李兆会大力推行多元化经营，对投资表现出了极高的热情。海鑫集团以上海海博鑫惠为平台，活跃于资本市场。而对于其父亲的时代来说，这无疑是全面的超越与变异。

在浙江，二代对于创业一代的变异亦普遍存在。一次吃饭，台州市委宣传部副部长章巧明感叹，自己的外甥是当地小有名气的企业家，亲族中亦不乏富有经营才华者，可是，儿子却不愿意学习经商，考大学时，死活要去读自己感兴趣的动漫专业。孩子更希望今后能够搞文化产业。

事实上，同在浙江，方太能够成为今日的橱柜行业龙头，某种意义上，与二代茅忠群不愿意做父亲茅理翔的影子有关。早期，茅理翔靠经营打火机起家，而茅忠群在接手之后，却决意进军橱柜行业，由此开启了属于自己的时代。同时，亦在无意中实现了方太从打火机行业向厨具行业的转型。

从三个中国市场经济最发达地区的二代经历来看，正是因为对于父辈的不认同，才是未来的希望所在。李兆会、茅忠群等都在不同程度上改变了父辈的产业，打上了自己的烙印，也正因为勇于改变，才客观上完成了产业转型。

而事实上，这种代际之间的变异，对于未来的企业所引起的变化，主要表现在两个方面。

其一是形成了产业的转移。正如台州新一代不愿意从事传统产业，而希望从事动漫行业。对于父辈事业的不感兴趣，将使他们的注意力转移到新的领域，也许这些领域就代表了未来产业发展的趋势。如动漫产业，在未来的江浙和珠三角等沿海地带，将获得率先发展。也许今天对于父辈的抛弃，正造就了明天的文化产业巨头，客观上，在代际传承中实现了产业的转型，创造出新型产业。

其二是实现了治权的转移。由于新一代的教育背景、社会环境、成长过程、价值观念与上一辈都不一样，在他们中的部分人，并不认为财富重要，而是认为做好自己更重要。在这种情况下，客观上使企业的治权转移到家族外最有经营才华的人身上。浙江台州杰克集团掌门人阮福德即表示，将来寻找家族外的人接班的可能性非常大。目前，杰克已经将经营权转移到管理层，实现了企业治权的转移。

在最近风靡世界的经典电影《盗梦空间》中，垄断巨头老菲舍对小菲舍说的最后一句话是“失望”。他更希望小菲舍努力做好自己，而不要成为另外一个老菲舍。而这种结尾，对于很多企业家来说，亦有普遍的启示意义。

地域相邻、人文相亲，芜湖成浙商产业转移首选地

http://blog.people.com.cn/blog/c1/s45461,w1289721758970594

周蓬安

在去浙江参加"人文浙江"专家博客主题笔会之前，打开浙江宣传片《天下钱塘》，令我备感亲切的是，第一集"天赐钱塘"首先映入眼帘的就是硕大的"徽"字，说的是寻找钱塘江的源头。

浙江的母亲河——钱塘江的源头就在安徽的黄山山脉，其北源在休宁县境内，被称作率水，率水的别名又叫"浙江"。据说，浙江的"浙"字，就从这个"浙"字演化而来。这里有一座怀玉山，横跨皖、赣两省，处于历史上的吴楚交界地带，有"吴头楚尾"之称，主峰六股尖流淌出了一条瀑布，被视作钱塘江的正源，习惯上叫做北源。而这座山自古以来，当地人就习惯于把它称作"浙岭"，也就是说，这里自古以来就被人们认定为钱江源。而钱江源的石碑，则立于安徽休宁县（南源），古徽商正是沿着该江顺流而下，将大批木材、茶叶、药材带出，运至杭州以及长三角地带。因此，安徽和浙江是真正的山水相连、地缘相近、人文相亲。

改革开放后，浙江人敢想、敢干、敢闯，以"历经千辛万苦、说尽千言万语、走遍千山万水、想尽千方百计"的"四千精神"，勇于吃"第一只螃蟹"。在这块神奇的热土上，相继诞生了中国第一个个体户、第一家私营企业、第一家股份合作制企业、第一个农民合作社等，成为中国民营经济的发祥地。其"民办、民营、民有、民享"的发展模式，造就了浙江民营经济的先发优势，其民营经济规模，多年来一直位居中国之首。全省70%的生产总值、60%的税收、90%的就业岗位、76%的外贸出口额，均由民营经济创造。2009年全国民营企业500强中，浙江就占了182席。

近几年，浙江经济的飞速增长，也使煤、电、气等基础性资源供给呈现严重的短缺，加之土地供应不足、劳动力短缺等诸多生产要素的限制，造成浙江民营企业生产成本上升得很快，迫切面临产业升级的需要。而在升级过程中，大量的企业不得不开始外迁。

因为多年的"走出去"，浙商在省外及境外的投资创业，也逐渐形成了规模。目前约有440万名浙商在全国各地投资创业，100万名浙商在世界各地经商。按照浙江省委书记赵洪祝在和名博座谈时透露的消息，浙江民营经济在省外、境外创造的财富总量，分别与浙江全年的生产总值相仿，相当于分别在省外、国外再造了一个浙江。

在浙商的省外投资中，地处长江下游的安徽省芜湖市，已经成为浙江产业升级导致浙商产业转移的首选地之一。种种理由可以说明，这一地区的地位在未来几年，还将不断得到加强：

一是地理位置优越，浙商投资芜湖相对便捷。芜湖市位于长江三角洲西北部、安徽省东南部，南邻世界著名风景区黄山、佛教圣地九华山，北接富饶的江淮平原，居华东

黄海小孔明：浙商、皖商都有拼搏奋斗的传统，希望两地合作，为产业转型升级、改善民生做出新的贡献。

中心位置。而在中国经济版图划分上，则正好"承东接西"，因此理所当然成为长三角产业转移的优选城市。

芜湖市的交通四通八达，高速公路直达杭州及其他浙江市县；即将开工的商丘至杭州高铁项目，将进一步缩短芜湖和浙江的时间距离，为投资芜湖的浙商提供更加便捷的交通。

二是水路运输优势，更利于"外向型经济"在芜湖投资。芜湖市作为长江沿岸具有公铁水交会的4个城市之一，是长江溯江而上最后一个深水良港，可常年靠泊5000吨级海轮，中水期可靠泊万吨级海轮。

芜湖港已和世界上70多个国家和地区建立了业务往来，中远、中海、香港东方海外等公司在芜湖每月开通内支线班轮和挂靠班轮达100多航班，朱家桥外贸码头已成功和18家世界上最大的船运公司建立了业务往来。如此便捷的水路运输，在内陆城市中极为罕见。因此，芜湖当之无愧地成为浙商中"外向型经济"产业转移的优选之地。

三是芜湖产业基础优势明显，浙商投资芜湖大有作为。通过多年的建设和培育，芜湖已拥有多个国家级的开发区和出口加工区，并形成了高新技术、绿色食品、机械加工、纺织服装等7个省级特色工业园区，不仅形成了汽车及零部件、新型材料、电子电器三大支柱产业，新能源产业、光电产业、文化产业的支柱作用也正在形成。芜湖工业载体基础设施完善，产业发展特色明显，承载配套能力较强，是浙商产业转移的理想投资地。目前，仅给奇瑞汽车配套的浙商，就已经超过百家。

四是芜湖行政机关紧盯浙江，软环境不断得到优化。这几年，芜湖市不断提高与长三角地区经济上的相融性和互补性，将融入长三角上升到发展战略的高度，一心一意谋取"东向发展"，尤其是注重对浙江民营资本的吸引。

在建设软环境方面，着力营造"亲商、扶商、和商、富商"的良好氛围。规范、有序的发展环境以及优质、高效的服务意识，让外来投资者在芜湖投资有"家"的感觉，能享受到创业的丰厚回报。尤其是学习浙江"少取多予、还富于民、藏富于民"的富民强市政策，不断吸取浙江在扶持民营经济方面一些好的做法，使浙商在芜湖就能享受到在本土的宽松政策环境。

比如2008年面对金融危机的时候，浙江省迅速出台了19条措施来扶助民营企业走出困境，其中最引人注目的要数被媒体称作"三不政策"的"不处罚、不追缴、不吊销"。笔者为此写下《抱团取暖：浙江用"三不"，安徽怎么办？》一文，并发往政府网站。半个月后，芜湖市工商局即对此前出台的《关于进一步提高服务质量促进经济平稳较快发展的若干意见》增加了《补充意见》，在全省率先推行特殊时期的"三不、三免、一放宽、一强化”政策，帮助企业应对金融危机，受到了包括浙商在内的投资者赞许。

五是政策优势明显，已形成浙商实施产业转移的政策洼地。芜湖不但拥有在全国排位靠前的国家级经济技术开发区，还有国家级出口加工区和国家级高新技术产业开发区；芜湖市还是“国家知识产权工作示范城市”和“安徽省合芜蚌自主创新综合配套改革试验区”成员。今年年初，作为国家发展战略的“皖江城市带承接产业转移示范区”获批，明确芜湖是示范区“一轴双核两翼”中沿江发展轴的中心城市和双核之一。应该说，发达地区所拥有的政策优势，芜湖都已经具有，这些都给芜湖的发展带来了新的历史性机遇。因此，在浙商实施产业转移过程中，芜湖当然会成为他们最优先的选择。

六是浙商已经以实际行动，选择了芜湖。芜湖市优越的投资环境，吸引了大量的浙商来芜湖投资兴业。目前浙商在芜湖投资兴办的各类企业约400家，总投资额超过200亿元。雅戈尔集团、杉杉集团、万向集团、伟星置业、宁波华翔集团、杭萧钢构、新湖置业、浙江国都控股等浙江知名企业都在芜湖有投资项目；伟星置业更是成为芜湖房地产业当然的龙头老大，在芜湖已累计实现开工面积370万平方米、在建工程总面积230万平方米、已竣工交付面积140万平方米，2009年销售额回笼额即高达15.48亿元，2010年销售额预计达25亿～30亿元。

据不完全统计，在芜湖投资的浙江客商约占整个外来投资者的60%，共约10万人，主要集中在商业贸易、房地产开发、机电设备、餐饮娱乐行业。浙江企业家在芜湖还成立了芜湖温州商会、芜湖宁波商会、芜湖台州商会等。

拥有“半城山、半城水”美名的芜湖，和浙江可谓地域相邻、人缘相亲、文化相通，投资环境受到了浙商的广泛赞誉。继2009年被浙商大会评为“省外十大最佳投资城市”之一之后，2010年又被列为“2010浙商重点推荐投资城市”名单中19个城市之一。

笔者相信，气候宜人、宜居宜业的芜湖，作为皖江城市带承接产业转移示范区的核心城市，一定能吸引更多的浙商投资兴业。

传奇的阿里　神奇的网货

http://blog.tianya.cn/blogger/post_read.asp?BlogID=659306&PostID=27844588

端宏斌

到浙江的第一站是杭州。这个风景如画的城市我已经来过很多次了，但以前都是来旅游，这次是为了考察浙江的经济。到杭州不得不去的公司是阿里巴巴。关于阿里巴巴，相信每个人都是耳熟能详了，这家企业有一个非常高调的集团主席——马云。可惜这次我们没有见到马云本人。

对于阿里巴巴可能有人会有一些误解，阿里巴巴集团是私人持股，1999年成立于杭州，它并没上市，上市的是阿里巴巴集团下的阿里巴巴网络www.alibaba.com（1688.HK），主要服务于全球的中小企业，是阿里巴巴集团的旗舰业务。

除了阿里巴巴之外，更为老百姓（如都市白领们）所知的则是淘宝网（www.taobao.com）。淘宝网成立于2003年，目前已经是中国最大的零售网站，访问量跻身全球前20大网站之列，每天的点击高达4000万人次。2009年，淘宝网的累积成交金额高达2000亿元，据透露，2010年可能会翻一番，达到4000亿元，而且在未来数年中仍然将保持高速增长。我甚至认为，淘宝网几年来都还算是慢速发展，现在才真正进入了高速发展期。淘宝网下面还有口碑网（www.koubei.com）和阿里妈妈网（www.alimama.com），前者是分类资讯网站，后者是网上广告交易平台兼广告联盟。

提到淘宝网就不得不提支付宝。支付宝是目前中国最大的网上第三方支付平台，成立于2004年，解决了网络交易最棘手的信用成本问题。在没有支付宝的时候，卖家没收到钱就不敢发货，买家没收到货就不敢打款，有了支付宝提供第三方信用担保服务，这个问题迎刃而解，目前每天通过支付宝交易的金额已经达到了15亿元。支付宝其实就相当于一个银行，在支付宝公司手中，客户的浮存金高达数百亿元，但是如何监管还是一个空白，因此这笔钱的利息到底归谁，现在还没人知道。有人可能会问，支付宝为什么不干脆成立一家网络银行？其实原因很简单，在中国要做银行需要拿到牌照，没牌照就开不成银行，显然支付宝没有相关的牌照。最初支付宝只是为了配合淘宝网，相当于淘宝网的配套服务，但是后来大家发现支付宝完全可以独立成为服务于整个网络交易的中介，这样一来，越来越多的淘宝网竞争对手反而加入了支付宝的阵营。

阿里巴巴集团最新成立的子公司叫做阿里云计算，成立于2009年。“云计算（Cloud Computing）”现在是个非常热门的概念，不过理解其含义的人还不多。最早的计算机系统是所谓的大型机时代，此后变成客户端——服务器端时代，例如我们在自家电脑上安装网游客户端，连接到服务器上进行游戏，而所谓的云计算是指计算能力的共享，以后用户端只需要简单的输入输出能力即可，一切计算都可以交给“云（即整个网络）”来处理。阿里云计算的主要作用是对其掌握的海量用户信息进行深度挖掘。事实上，你在网上购物的所有行为都被记录在案，阿里巴巴拥有你全部的行为数据，但这些数据还没有很好地进行挖掘整理。打个比方，如果你经常在网上购买某种类型的服饰，那么就可以对你进行精确广告投放，这种广告的效率比传统广告高不少；如果某个小区正好有很多妈妈给孩子买某种品牌的奶粉，那么就可以给你们组织团购，统一配送。

有了以上这些基础，你所能想象到的支付绝大多数都可以用支付宝来解决，比如：话费充值、水电煤账单缴纳、订飞机票、订酒店、购买游戏点卡、购买彩票、转账汇款，未来甚至发工资也可以用支付宝，人们可能会发现，把钱存在支付宝里比存在银行里方便得多。想象一下，如果未来支付宝也推出自己的借记卡，那么去大商场购物也可以刷支付宝了，同样刷支付宝产生的积分可以让你享受到更多的精确优惠和促销。这样一来，支付宝就直接与银行产生正面竞争，因此才有传闻说阿里巴巴将成立自有商业银行。不过在暂时还没有牌照的情况下，就只能和现有银行合作了。例如，支付宝近日宣布，公司与民生银行就“信用卡卡通”服务达成合作，今后民生银行信用卡用户可以将自己的账户和支付宝账户绑定，通过支付宝进行网上消费时，只需输入支付宝的支付密码就能直接从自己的信用卡进行支付。

参观完阿里巴巴，最令人印象深刻的是他们的企业文化。所有公司都是以赢利为目的的，可是阿里巴巴公开宣称他们不是，宣扬的是“客户第一，员工第二，股东第三”，做的一切是为了帮助客户解决问题。阿里巴巴的客户包括1000万家中小企业、1亿个就业机会和10亿个消费者。阿里巴巴甚至开始涉足银行最传统的贷款服务，由于掌握了这些中小企业的众多业务数据，因此可以做到精确贷款。阿里融资通过6家银行为中小企业提供了150多亿元的贷款，但竟然是免费的（无手续费、无抵押、低息）。阿里巴巴小额贷款公司的不良贷款率是行业最低的。每一个新加入阿里巴巴的员工都会被“洗一次脑”，结果是阿里巴巴拥有行业最低的员工流失率，大约只有3%～4%。这也难怪阿里巴巴被《华尔街日报》（亚洲版）评选为中国最受尊敬企业的第一名了。

从街头货郎担到世界小商品基地

http://blog.tianya.cn/blogger/post_read.asp?BlogID=659306&PostID=27980187

端宏斌

小时候住在上海的弄堂里，经常会有货郎摇着拨浪鼓过来贩卖小东西。我记得时常是用塑料脸盆换粮票，不过在之前是用糖换鸡毛和牙膏皮，但那些在郊区多一点，市区没那么多鸡，因此也没那么多鸡毛。隐约只知道这些货郎很多都是从浙江来的，但具体是哪个地方并不知道。这次来浙江义乌，终于发现当年那些货郎的大本营了。

说到浙江义乌，大家的第一反应当然就是小商品了。其实要论行政级别，义乌只是一个县级市，但它可能是中国最有名的县级市了，名声甚至超过了它的上级——金华市。据说义乌是中国权力最大的县（义乌已有1000余项地级市权力中的618项）；义乌还是全国最大的内陆港，2009年出口标准集装箱51万只；全国豪华车密度最高的城市；全国人均私家车保有量最多的城市；全国现金流量最密的县级市，浙江每天1/3的现金在义乌流通。

30多年前，义乌还是浙江中部一个贫困的农业小县，人多地少（多为红壤丘陵），资源贫乏。由于这里地处浙江的中部，四方交会之地，义乌人自古就有经商的习惯，著名的“鸡毛换糖”就是计划经济时代义乌货郎的传统谋生手段。鸡毛换糖的人又被称为敲糖帮。当时“鸡毛换糖”系被打击对象，说是“弃农经商”、“投机倒把”、“资本主义尾巴”。农闲时，义乌货郎们便摇起拨浪鼓，挑着装满敲糖的箩筐（义乌的红糖是一绝），行走在浙江及其周边省份的城乡换取鸡毛和牙膏皮（以前的牙膏皮是铝制品，现在都是塑料制品）等废品，回家后再把换来的鸡毛当做农田的肥料，或制成掸子卖给供销社，牙膏皮等则卖给废品回收站。

改革开放之后，商品经济逐渐开始解冻，各地逐渐开始允许农民将自留地的农产品和手工制品拿出来卖，但是长途贩卖以及去城市里摆地摊做生意还是被看做“投机倒把”行为，加以打击。1979年开始实施的《刑法》笼统地规定了“投机倒把”罪，一直到1997年的新《刑法》才取消了该项罪名。此时义乌的商人已经不再满足于靠走街串巷的“鸡毛换糖”来解决生计，而是开始小心翼翼地贩卖起日用小商品了。

1982年5月的一天，这是值得所有义乌人铭记的日子。那天农妇冯某鼓足勇气来到义乌县委门前，想要讨个说法。她有5个孩子要养活，家里的主要收入就是在县城偷偷摸摸摆地摊，可是两年来她的货物屡屡被没收。新来的县委书记足足和这位农妇争论了一个下午，最后告诉这位农妇：你回去摆摊吧，以后有关部门不查你们。同年8月，义乌县委、县政府作出了一个在当时颇为大胆的决定：允许农民经商，允许从事长途贩运，允许开放城乡市场，允许多渠道竞争。于是，第一代小商品城就这么诞生了。此后的20多年间，义乌小商品市场数次易址、扩建，逐步转变提升为现代化、国际化的商贸城，发展成全国性小商品流通中心和国际性小商品采购基地。

有个流传很广的说法，如果你一天在义乌小商品市场中逛8个小时，在每个摊位前停留1分钟，那么这里共5.8万个摊位全都逛下来，就得4个多月。起初我还不相信，等到我实地观察之后，才相信所言不虚。**小商品城与其说是城市里的市场，还不如说是市场上建立的城市。这里是真正的全民皆商。**在我们走访中发现，距离义乌几十公里之外的农村，几乎家家户户的老人都在帮着小商品城加工商品。一个老年农妇一天的收入大约是60～80元。她们同小商品城的联系就是靠数量庞大的农村经纪人。他们先将原材料分发给农户，然后再将成品集中交给发包商，最后挨家挨户结算工钱。这样的农村经纪人大约有1万人，经纪业务年成交额超过100亿元，直接受益的农民人数达50万。目前在义乌交易的商品中，三成是本地产，三成是浙江省其他市县产，三成是中国其他地区产，还有一成是国外产。

2006年，由商务部主持编制的“义乌·中国小商品指数”（简称“义乌指数”）开始定期向全球发布，成为全球日用消费品生产贸易价格变动的“风向标”和“晴雨表”。可以从网站www.ywindex.com查询中国小商品指数。义乌指数成为全球小商品市场的风向标，义乌小商品城拥有了本领域的中国话语权。

总结义乌模式，我们发现以下三个原因至关重要：

第一，义乌历史上是个很穷的地方，这和温州、台州差不多，正是因为穷，才会人心思变，乐于接受新事物，敢于往外闯出去。不冒险就有饿死的风险。正因为穷，国家也不重视，据统计，从新中国成立开始一直到1978年，国家累计在义乌的投资不到6000万元。这一切逼迫义乌人只能靠自己想办法。同时，义乌相对便利的交通条件又为此后小商品流通市场的发展提供了基础。

第二，政府的开明决策激发了巨大的民

间力量。中国很多地方论发展条件，从区域优势、交通便利程度到经济基础等方面，都比义乌出色，但是只有义乌建成了小商品城。究其原因，是20世纪80年代初，只有义乌的领导班子吃透了中央的政策，改革的步子走得不仅最大，而且也最为坚实，这为此后的领导层指明了正确的方向。这比中国其他地方足足提早了3～5年。事实证明，中国的市场经济发展历程就是不断给民间资本松绑的过程。

第三，清晰的自身定位和明确的发展目标。最初义乌人买卖的就是些很不起眼的小东西，比如纽扣、拉链、皮尺、指甲刀等，这些东西的特色是，虽然小，但每个人的日常生活里总是会用到。义乌人还有能力将这些东西的生产成本降到最低，这样中国的广大农村市场和城市工薪族市场就被牢牢占领了；而且自始至终保持了低成本竞争优势，让竞争对手无机可乘。

在资本市场上，“小商品城（SHA：600415）”股票一直以来就是一只绩优股，上市以来已经涨了足足十几倍，股本也从最初的1个亿扩张到今天的13个亿。这次考察也对小商品城做了一番调研。小商品城的角色就是市场提供方，公司收益主要是靠摊位的租金和酒店的收入。小商品城分为一期、二期、三期。一期是最早建立的，客流量最大，效益也最好。我们看后发现客人并不是很多，后来才知道，这里全都是搞批发的，每一单都是大额成交，所以即使看上去人不多，成交量却一点也不少。

我们发现每一家商贩虽然面积差不多（9平方米左右），但是租金差别巨大，年租金从20万到40多万元不等，但事实上公司签给用户的合同租金只有1万多元，其中多达几十万元的收益事实上都被二房东给吞噬了。那些二房东都是在开业早期以最低的租金签署了长期合同，当时最低租金是1.4万一年，但是随着客流量越来越大，租金也开始大幅上涨，几年间足足涨了几十倍。但是这份收益公司是拿不到的，都归二房东所有了。那些真正做生意的人自嘲是“摊奴”，一年到头辛辛苦苦，但是大笔收入都归了房东。

我的看法是，如果上市公司能够有效解决二房东问题，那么其公司业绩将有爆发式的增长，否则，事实上大家都是在给“包租公”和“包租婆”们打工，这些人成天什么也不用干，就有几十万元的年收入。简单地讲，小商品城潜力巨大，只是如何让潜力得以发挥，这需要考验公司管理层的智慧了。

义乌市场何以超越汉正街

http://luotianhao99.blog.163.com/blog/static/11176534920109272910510/

罗天昊

作为一个湖北人，走访义乌小商品市场，感慨万千。20年前，浙江山沟沟里的义乌市场，交易额不到武汉汉正街的一半；而如今，义乌市场的交易额已是汉正街的3倍。20年前，汉正街风行天下，盛极一时，义乌市场躺在越中山区的深山之中；今天，义乌市场走向全国乃至世界，汉正街却退居一隅，近销声匿迹。

关于汉正街的衰落与义乌市场的崛起，坊间有多种说法流传，或说武汉人小富即安，义乌人志存高远；或说汉正街无秩序，义乌市场规划好。而事实上，这些都是支流，汉正街落后于义乌市场的最根本原因，乃是因为武汉乃至湖北经济的整体陷落，而长三角却在近30年中快速崛起。

汉正街虽然起步早，但是其模式却一直是纯粹的中介市场，实行一种"买全国，卖全国"的模式，而这种模式缺少产业依托，难以持久。汉正街并非没有看到这种模式的弊端，但是却无法完成转型，其原因乃是因为湖北经济发展的大势所致。

在湖北，武汉的经济总量几乎占一半。而在武汉的经济结构中，则以武钢、武重等重工业为主，民营经济受挤压，迟迟无法获得发展，甚至在周边的湖南、河南等民营经济比重超过50%以上时，湖北的民营经济仍然停留在40%左右。而民营经济是很多大中消费品、小商品的主要载体，由此，汉正街缺乏产业来源。

而作为中介市场，流通至关重要。武汉乃至湖北无法为汉正街提供产业来源，周边的湖南、河南，在相当长时期内亦发展缓慢，纵使后来发展加速，也游离于武汉之外，物流成本太高。所以汉正街的货源，既无法取自湖北本地，从外地运来，则成本过高，最后优势逐步流失，日益衰落。相对而言，义乌实行另外一种模式，即"买本地，卖全国"。义乌市场能够崛起，其根本乃在于金华本地，甚至整个长三角实体经济，特别是小型制造企业的发达。

从20世纪80年代中期开始，义乌就开始"贸工互动"。本地聚集着1万多家中小型企业，形成针织袜业、饰品、工艺品、毛纺等20多个优势产业，其中，饰品产量占全国市场的65%以上，袜业占35%以上，拉链占30%以上。本地产品占义乌小商品批发市场半壁江山。同时，义乌位居浙江之中，到杭州、宁波、上海等长三角重要工业城市，距离都在500公里以内，物流成本低廉，可以形成统一的市场。

汉正街的衰落与义乌市场的崛起，与湖北等中部区域的陷落，以及长三角区域的崛起，几乎同步，其中关联令人浮想联翩。

湖北正在实施中部崛起战略，其突围之路，也许可以从汉正街与义乌的比较中获得启迪。要发展实业，改变重工业比重过大的弊端，加快民营经济的发展，放手中小企业的发展等。只有造就博大恢弘的"小企业"群，才可能重振汉正街的"大市场"。

中国汽车产业的希望就在浙江?

http://blog.sina.com.cn/s/blog_53e839d20100mt7a.html

盛大林

近几天在浙江参观，看得最多的是汽车生产厂商。吉奥集团、今飞集团、青年集团、万里扬集团，都是生产整车或汽车零部件的公司。

也许有人要说：这些公司我怎么都没有听说呀？是不是都名不见经传啊？是的，老实说，在此之前我也没有听说过这些汽车公司。我相信大多数人都跟我一样，提起浙江的汽车产业，只知道“吉利”和李书福。但此次参观，偏偏没有安排我们参观吉利。组织者解释说：吉利太有名了，我们想让大家看看还不太有名的汽车公司。这一看不打紧，真的让我们眼前一亮。

以前总以为那些世界名车的主要零部件都出自国外的工厂，哪知道克莱斯勒等豪车的车轮竟然是由金华的今飞集团生产的；以前总以为国内自主知识产权的汽车都是低档产品，哪知道金华的青年集团竟然也能生产出售价200万元以上的高档大客车；以前在市场上见到莲花牌轿车总以为是从英国进口的，哪知道也是青年集团的产品，原来青年集团已经买下了“莲花”的全部技术，就像吉利收购沃尔沃一样……

这些浙江汽车企业都只有十几年，甚至几年的历史，竟然都已经在国内业界崭露头角，甚至打开了国外的市场（台州吉奥公司生产的皮卡大都出口，甚至签下了汽车出口“第一大单”），着实让我吃了一惊。就在前不久，还有人向我约稿，让我谈谈汽车产业民族品牌迟迟没有起色的问题。可是，看了这几家浙江新兴汽车企业，我感觉所谓“没有起色”完全可以说是一个伪命题，因为这几家企业的风生水起已经让我们看到了希望。

也不失为一条路子——“吉利”整体收购“沃尔沃”、青年集团买下“莲花”的所有技术，不都是“拿来”的吗？“偷”不来，光明正大地“买”，总可以吧？那些技术及公司在国外可能已经没有市场或者不符合所属公司的战略布局，但移植到新兴的中国市场却完全有可能重新焕发出勃勃生机！上述几家汽车企业都是民营企业，成长在市场机制比较健全的浙江省，都拥有非常灵活的经营机制，而且有着强烈的创新精神和发展欲望，按照近年的发展势头，要不了多久，就能给国人一个惊喜！

蓝途设计：先生见识广阔。我也身在浙江这片热土，从事工业设计行业，处在产品研发的前沿，同样感受到这边的经济活力。以后多向您学习。

真真：有些自豪！上述提到的四家集团公司，后三家都在浙江金华，我的家乡！呵呵。

飞天猴：中国的希望在于民营企业的发展壮大！

金华，为老百姓造车没有错！

http://gangfeng.qzone.qq.com/
刚峰

如果不是亲身经历，还真的不知道，浙江金华忽然成为中国一处崛起的民营汽车企业基地。

"人文浙江"一行匆匆来到金华。金华领导给了我们一份资料并带我们参观了3个汽车企业。也许是久居海岛真的有点孤陋寡闻了，想不到金华市区及永康与武义等地，方圆30公里内，集聚了汽车、关键零部件及关联企业竟有1700多家，行业总产值超过600亿元，从业人员达20多万人，并被国家有关部门授予"中国汽车摩托车产业基地"称号。

至于这个产业基地有何优点特色，我的同行博主们都有博客论述，我就不多言了。

在回海南一个月后再发上这篇博文，主要是想告诉各位我的解读。

汽车，一直是中国普通百姓从贫困走向富裕的一个标志，圆汽车梦是许多普通百姓一生的憧憬。

金华的汽车生产者是民营企业，定位对象也是普通百姓，价位不高，大部分汽车的定位都在10万元以下，不仅满足了浙江大地富裕起来的农民购车的需要，同时，也为其他特别是偏远省份的普通百姓提供了一个选择。

金华的汽车行业能在短短的十来年时间里快速发展起来，其中一个重要因素是本省的农民、亦是普通浙商崛起的需求。这是一个主要动力。金华地区的义乌汇聚了中国最大的小商品市场，个体老板应该是他们的主要销售对象。

不管那些专家们怎么说，或担忧这个产业的未来，我想即使中国人20年后全都富裕得只买国外名车，东南亚及非洲总还会有许多普通的消费群体吧！即便是在美国这么发达的地区，也有贫民窟，且欧洲许多富人遵循低碳理念，一直使用小排量汽车。对金华汽车的未来市场，我抱乐观态度。

因为，在这个世界，富人毕竟是少数。为老百姓造车，这个思路没错。

台州吉奥，错位竞争造就行业黑马

http://luotianhao99.blog.163.com/blog/static/11176534920109260638838/

罗天昊

从台州崛起的吉利集团，已经成为全国性汽车巨子。

而事实上，在吉利的身后，同样源于台州、与吉利仅一字之差的吉奥，近年来异军突起，成为中国汽车行业的黑马。正所谓大树底下，草木难生；大鳄身边，小鱼难安。**在吉利的卧榻之间，吉奥何以能够从容安睡，并且强势崛起？**

从名字上看，吉奥和吉利，似有渊源，而事实也确实如此。吉奥创始人缪雪中曾经是吉利汽车的总裁。而同时，汽车狂人李书福在缪雪中心中，等同于导师。

这种关系，很类似早年华为的任正非与李一男。可以说，李一男尽得任正非的精髓，是非常有希望接班的领袖，但是，后来李一男独立创造港湾之后，却遭任正非“绞杀”。

相同的故事，却没有在吉利和吉奥之间上演。其中的最大区别，在于吉奥的错位竞争策略。吉奥创立后，刻意避开了与吉利的竞争。既然另立山头，就要另辟蹊径，再造乾坤。

为此，吉奥的主要业务集中在三个领域：一是微型面包车；二是SUV越野车；三是货车皮卡。这些产品的定位与吉利生产的轿车完全不同。尤其是皮卡，是吉奥最核心的产业。目前，虽然有一些汽车企业也生产皮卡，但是，尚没有形成规模，市场空间巨大。

而李一男之所以最后被曾经视为“教父”的任正非“绞杀”，最大的原因，乃在港湾逐步与华为经营相同的业务，最后，产生了直接竞争。当初鼓励其创业的任正非，感觉受到了愚弄和威胁，遂在港湾羽翼未丰的时候，收购港湾。

在精神气质上，吉奥深得吉利的精髓。在国内市场，吉奥重点开拓二、三级农村市场，宣称要“像卖西瓜一样卖汽车”；同时，他们还专门研究了非洲、中东等一些国家的市场需求。专注于大众市场、新兴国家市场，善于寻找市场空间，亦是吉利的重要商业模式。

既传承部分吉利的气质，又有自己的风格，更重要的是，缪雪中在相当长一段时间内，并没有与老东家产生直接竞争。这种错位竞争策略，使吉奥快速崛起而不受打压，同时，还与吉利一起形成了某种区域市场的互补，共同构建了相当规模的产业集群。在台州，有很多汽配厂同时是吉利和吉奥的合作者。

中国汽车市场的广阔空间，则使缪雪中并不满足于做一匹黑马，而是雄心勃勃，以未来汽车巨头自期，欲成为皮卡行业的领袖。

作为新进入者，吉奥的实力还相对弱小，与现有的汽车巨头合作，成为一种优势选择。在选择合作伙伴时，吉奥亦眼光独特。

长期以来，国有汽车企业以生产高端产品为主，民营企业则从低端起步，在此情况下，实际上形成了不同的市场，使产业链更为丰富多层。吉奥与广汽的合作，某种意义上，乃是对双方产业链的完善。特别是广汽，可以借助吉奥进入微车领域。同时，对于广汽来说，吉奥的价值还在于其地处华东重地的优势。广汽的传统强势市场主要在华南，能够结盟吉奥，对于扩展华东市场，帮助巨大。

如此，通过寻找市场错位，吉奥能够以不对等的实力，获得远比其自身强大得多的广汽的青睐。双方达成战略协议，广汽集团以货币为主出资，吉奥汽车以其汽车相关资产出资。由此，吉奥基本解决了未来发展所需要借助的资金、品牌、技术等方面的“短板”。

台州吉奥的错位竞争模式，对于浙江，乃至全国，均具有巨大的启发意义。中国是传统的制造业大国，往往出现众多的同城竞争。以往，这种竞争多演化为刺刀见血的“火拼”，而吉奥模式的出现，则为中国企业的集体性突围，提供了新的思路。

泰隆模式，可彻解小、微企业贷款难之痛

http://blog.people.com.cn/blog/c1/s45461.w1287985092577857

周蓬安

中小企业融资难的问题，是长期困扰我国民营经济发展，尤其是制约小型、微型企业发展及自主创业的金融瓶颈，从而直接导致地下钱庄在全国的泛滥。而因为地下钱庄和黑恶势力牵扯过多，已经危害到社会的稳定。近几年，公安机关加大了对地下钱庄的打击力度，但地下钱庄却在被打击中迅猛发展，就因为市场这一“隐形需求”随着经济的发展而不断增大。当“人文浙江”专家博客主题笔会活动走进浙江泰隆商业银行后，我们看到了在中国解决这一疾患的良方。

浙江泰隆商业银行位于地理位置并不占优势的浙江省台州市，是一家致力于为小、微企业提供金融服务的股份制商业银行。该行成立于1993年，目前已拥有29家分支机构，并在丽水、宁波、金华、杭州和上海等地设有分行。

相较其他老牌商业银行，泰隆商业银行适应市场经济的亮点，主要体现在如下几个方面：

一是真正的民营股份制银行。现在的城市信用社、农村信用合作社、城市商业银行等金融机构，全国到处都有，但一般都是由地方政府主导，政府是这些银行的第一大股东，管理人员也都是受政府委派，实质上还是国有控股企业，其运营模式必然难以摆脱老国有银行的惯性。而起步阶段仅有7个人、2间出租房、100万元注册资本的泰隆商业银行，则完全是一家按照民营经济发展模式运营的商业银行，其灵活的运营模式，更能有针对性地面向市场，给小、微企业提供信贷帮助。

二是服务对象完全不同。一般商业银行更加注重为大中型企业服务，而泰隆商业银行的客户群体，小、微企业占据绝对优势。该行成立至今，已累计向小、微企业发放贷款29万多笔、1300多亿元，共扶持8万多家小企业，直接间接创造了50多万个就业岗位，帮助30多万名失地农民、外来务工人员、下岗工人实现了劳动致富，得到温家宝总理等党和国家领导人的高度评价，被称为“中国的尤努斯”。该行设立以来，95%以上的

贷款都是用于小、微企业融资。

三是将“人品”列入风险防范，抓住了要害。该行以“三品”、“三表”控风险。所谓的“三品”，就是人品、产品和押品；所谓的“三表”，是指水表、电表和海关的报表。

这些措施真正掌握了信贷控制的要点，尤为突出的是将“人品”这个道德概念引入信贷。道理其实也很简单，如果一个人能踏踏实实地做事，外部口碑很好，那么成功的概率肯定相对较高；如果这个人有“黄赌毒”等不良嗜好，那谁敢把钱借给他？

四是担保形式完全不同，道德担保值得期待。目前一般银行给企业贷款，都需要企业担保或者商品质押。但在这方面，恰恰又是小、微企业的弱项，因而导致两者很难结合。而泰隆商业银行的做法则是以保证担保为主体，质押贷款仅占总贷款额的6%～7%。该行的担保形式也十分灵活，一个人担保不够，可以提供两个或者三个人的担保。此外，对50万元以下的小额贷款，创造性地采用了“道义担保”的形式，围绕人的情感，允许老子给儿子担保，老婆贷款老公担保等，让亲情、爱情、友情在融资中起润滑作用，制约借贷人的行为。

立仁重返：现在各地挂牌的民间融资机构经营模式都有特色。

五是“余贷未清，新贷不放”，有效防范风险。“借新贷还旧贷”，这在国有银行是司空见惯的，而泰隆银行如此做法，可避免企业以老贷款“要挟”银行，令银行不得不贷，最终导致产生坏账风险的弊端。即使借贷企业和银行关系很好，也不能破了银行的“规矩”，便于下一步的合作。

六是对借贷人实行分类管理。该行“老客户一天，新客户三天”的办理速度，是其他银行所无法相比的。而泰隆银行的另一项规定，则更加体现诚信积累的价值。该行为大部分老客户设置一个存贷款积数，存得越多，贷款越多，积数也越高，贷款利率就会越低。这就让更多的客户都倾向于把基本账户开在泰隆，以取得较低利息的贷款。

在泰隆短短几个小时的考察中，我们看到了破解中国小、微企业“贷款难”的妙方。笔者以为，只有这样的银行在全国遍地开花，中国的经济才能真正走向繁荣。

泰隆银行，商业普世主义的勃兴

http://luotianhao99.blog.163.com/blog/static/111765349201093105647879/

罗天昊

偶遇台州泰隆商业银行，是一种惊喜，亦让人充满热望与期待。

在某种意义上说，泰隆的出现乃是中国商业普世主义的发轫。

普世主义，最初是一个宗教术语，起源于一种普遍性存在的宗教情怀：一切的美好，理应得到最广泛的推广。实际上，在目前的世界三大宗教中，都存在着一种普世主义。佛教讲究“普渡众生”，基督教要“让马太福音传遍世界”，而在伊斯兰教中，真主也保护一切信徒，赐予他们福祉。普世主义目前已经超越宗教领域。在商业领域，亦出现一种普世主义的力量。

商业的发展过程，就是不断地满足更广泛的消费群体的过程。最成功的商业，就是能够提供最广泛满足的商业，而为最广泛的群体提供最大满足的过程，实际上就是一个普世的过程。

为什么沃尔玛超市能够雄霸超市界天下？沃尔玛让上千万全球市民都可以享受低价优质的商业服务，开创了一个大众化消费时代。在世界500强中，多数都是大众化的、主流的产业。而在国内，那些适应消费民主化潮流的企业，也在商业普世过程中崛起。最典型的是家电行业，在家电从贵胄降至普罗大众之家的过程中，诞生了一批企业巨头。

商业的普世不仅在于最广泛地满足，还在于如何满足。它带给人们的，是幸福还是灾难？

在商业历史上，曾经有很多商业组织辉煌过，但却最终走向消亡。比如说16世纪开始的奴隶贸易，给殖民帝国带去了无数的财富，但是带给非洲大陆的却是血泪，这种商业就无法真正实现普世，注定是无生命力的商业。同样，赫赫有名的东印度公司，也因为贩卖鸦片给人们带来普遍不幸，最终为人所唾弃。中国目前要告别“带血的GDP”，在商业领域，即要告别“带血”的商业。

在近几年出炉的“世界最受尊敬企业”和“世界500家最大的企业”的名单中，出现了很多重叠的身影，沃尔玛、松下、索尼、通用、微软等均出现在两个榜单上，是巧合，还是必然？而泰隆商业银行，则几乎完美地符合普世商业的核心因素。

它是一家小银行，并且偏居东南沿海的台州，地理位置不占优势，但是，其业务范围却覆盖了8万多家中小企业，拥有29家分支机构，并在丽水、宁波、金华、杭州和上海等地设有分行。

更为重要的是，在浙江这片资源贫瘠的土地上，泰隆扮演了"及时雨"的角色。浙江民营经济以中小企业为主。在中国，中小企业的融资历来都难如行蜀道，融资难严重制约其发展。而地下钱庄等非法集资模式，又存在法律风险，吴英案在浙江出现绝非偶然。泰隆对于业务涉及的8万家中小企业，基本上都算得上是"旱季的雨"，滋润了众多中小企业，促成其成长。

泰隆在成立的18年中，95%以上的贷款，都是用于中小企业融资。共向小型企业发放贷款29万多笔、1300多亿元，而在扶持的8万家小企业背后，是50多万个就业岗位，帮助30多万名失地农民、外来务工人员、下岗工人实现了劳动致富，获得温家宝总理等党和国家领导人的高度评价，被称为"中国的尤努斯"。**在某种意义上说，泰隆是浙江很多中小企业的"报喜鸟"，带来的是福祉与希望。**

在本次的"十二五"规划中，包容性增长和民富计划，均已列入议事日程。而所谓包容性增长，在当下的现实语境中，其中一个方面可以理解为民营经济、民间力量的增长，而未来的商业时代，分配体制的改革、富民计划，有时候更寄托在民营经济力量增长的基础上。

泰隆无疑是一家值得尊重的企业。虽然目前相对那些国有巨无霸银行，还并不算强大，但是，无数中小企业是其未来发展的根基，亦是大地之神安泰力量的源泉。

在未来，内需时代的到来，必然使民营经济强势崛起，中小企业亦将迎来井喷式发展，并最终成为中国经济的主导力量。而作为中小企业之友，泰隆前途不可限量。

目前，由于政策所限，泰隆遵循的是审慎的扩张，仅在杭州、金华、丽水、上海等长三角部分区域开设有分支机构，而当中国步入内需时代，并且扫平内部关卡和由诸侯经济体系所导致的政策限制时，泰隆的未来布局隐约可见。其时，泰隆将从台州走向浙江，从浙江走向长三角，从长三角走向全国，终成恢弘气象。

期待泰隆商业银行在未来能够兼具最受尊敬的企业和最强大企业的双重荣誉。一切导向更广泛的群落，带来更广泛福祉的商业，均应在普世的过程中成就博大，这样的商业时代，才是理性和充满希望的时代。

浙江民营企业之点滴，是一堂创富课

http://blog.sina.com.cn/s/blog_598120640100mpc6.html

赵普

我不值班《朝闻天下》的日子通常也不得闲，不是去采访，就是参加各种活动。所谓公众人物，大概就是时间多属于公众的人物吧。

印象中由省委、省政府组织的网友或博客主题的活动，浙江是第三家，之前已有广东和江苏。值得注意的共同点是这三个省均属经济发达省份，都是改革开放的先行省。为什么对市场触觉敏锐的发达省份，对舆论，特别是网络舆论的知觉同样走在全国前列呢？这问题同样值得有心人探究。

浙江省委外宣办、浙江在线新闻网站联合主办的“人文浙江”专家博客主题笔会一共安排了8天，遗憾的是本人只参加了半程，既没能尽览浙省之美，也错过了省委书记会见的礼遇。

时间虽短，但还是看到了浙省民营企业、民营经济之点滴，算是旁听了一堂微观经济学，或者是一堂创富课。

10月25号上午，我们在浙江一家缝纫机企业探访。厂区繁忙，劳作有序，进进出出，一派未见前就能想象到的复苏景象。出人意料的事发生在座谈时。老总介绍完情况，大家提问。有人问到“富二代”和企业传承问题，这本不是个刁钻问题，却引得老总飙泪不止。他说儿子抱怨他什么都没给，父子之间现在很难沟通。“什么都没给”，这当然不符合事实，起码物质的不会缺，那么他的儿子缺什么呢？应该就是那种常年奔走在外、忙于糊口养家，不经意中缺失的家庭温暖和爱吧。而在浙江，这只是无数奋起于贫寒，艰辛创业的家族企业里的寻常故事。我们可以置身事外吗？不，其实这故事里也有你和我，有我们同样难以消受的五味杂陈。只因为是个人，只因为渺小，才常常被宏大的时代背景所遮蔽。

说到浙江经济的最大特色，其实可以浓缩成两个字：民营；更政治的表达应该叫：非公有制经济。至2009年底，浙江全省有私营企业52万多家，户均注册资本249万元。全省生产总值的70%、税收的60%、新增就业岗位的90%都来自当年被怀疑、唾弃、批判的私营经济。可如今，争论早已灰飞烟灭，历史已经雄辩地证明了，“私”也是伟大的！

顽主：浙江人胆大、精明，是纯经济动物。浙江是资本输出省份，民富程度高。

扯淡的鱼：一个博友顶了你的文章，我一看，居然博主是你，也算瞎逛逛对了庙门吧！我曾在宁波逗留过一段时间，对当地的民风与政企关系多抱有羡慕的态度。中国人多重义而吝啬于谈利，在北方地区尤甚。殊不知这种对待金钱的观念本身就是对社会发展的极大抹杀。可以看出博主也是一位关心民生、民主的人士，真好！祝好！多保重身体！更好地为人民服务！

东瓯山人：博主写得深刻，对浙江经济的分析特到位。

天使之家：内容大赞。顶！博主乃实力派真君子。真话！

老和山大叔：媒体人士的文章未必深刻，但一定应时、客观、清晰。

在浙江，温州鹿城的鞋、服装、眼镜、打火机，台州的制造业，金华的汽车业，绍兴柯桥的轻纺，永康的小五金，义乌的小商品，慈溪的小家电，宁海的文具等，已经呈现出“块状经济”的特点。正是这些劳动密集型的中小企业集群释放的巨大能量，长期支撑浙江经济高速增长。

浙江的经济奇迹可说是中国经济奇迹的一个缩影，但却很具代表性。当年温台地区静悄悄地搞改革时，有中央领导去视察，看完无一人敢表态，既不肯定也不否定。此一情势，习惯肯定表扬的地方可能会裹足不前，而实事求是的地方则会继续埋头苦干！据说温台地区的人领会文件精神与其他地方不同，别人只看到禁止做什么，而他们却能看到禁区之外的可做可为。哪里有天赋异禀呢，不过是一切成功故事里常见的能吃苦、敢创新、爱学习、惜人才。说到地方特色倒是有一条：重工商。

历史上的“永嘉学派”对当地影响很大。这个学派的最大特点就是强调功利。认为“利者为义之和”，主张义和利的统一，提出“义利双行”，反对道学家空谈义理。当然，这个学派也不是空穴来风，应该是对彼时浙江社情民意的一种提炼和升华。说到底还是人民的需要和创造。“义”和“利”在现实中如何体现呢？举个例子。在浙江，亲戚间彼此拆借很平常，有借有还不说，还常常报以高息，连父子兄妹都不例外。

所以，你搞你的“文化大革命”，我搞我的“资本主义尾巴”。主义看不见，“尾巴”却能使家里多一盘菜。你讨论姓“社”还是姓“资”的问题，我先搞我的家庭工业，主义论不清，我还是先干起来再说吧。

在义乌，终于看到小商品批发城。虽然广告已谋面多时，但走进实体，还是被震撼。有人计算过，如果在一个摊位前逗留3分钟，至少需要一年才能逛完。义乌市区现在有80多平方公里，而在30年前，这里不到3平方公里。更不可思议的是当年闻名全国的“鸡毛换糖”就发源于此。从前每逢农闲时节，大城市的街巷就可见到摆着拨浪鼓、吆喝“鸡毛换糖”的货郎跑前跑后。原来他们大抵都是从义乌的农村出发，一步步走向异乡，也走向自己的衣暖食饱。他们的原始积累也正是从这种别人不屑的小生意开始的。

很多浙江人通过“鸡毛换糖”般的经历积聚了建设小商品市场的信息源，也铸就了困难面前不等、不靠、不要的“浙商”精神。

在浙江的考察，团友们都有兴趣聚焦政企关系。如此蓬勃的经济发展不可能没有“手”的作用。但在浙江的温州、台州地区，政府官员却普遍信奉“无为而治”。当地发给我们的资料中有这样一个表述：“政府的主要职能是组织公共产品生产、建设公益事业、提供公共服务。政府直接从事经济活动的范围必须缩小到两类：除了政府干，其他主体不愿干的；除了政府能干，其他主体干不了的。”简单的两句话，要做到、做好却不易。同行的五岳散人一语中的：“市场经济，凡是政府放的，就欣欣向荣；凡是政府管的，就死气沉沉。”**政府角色，归根到底就是“服务”二字。但真正躬身“服务”谈何容易。**

掉个书袋，做道数学题吧。社会主义的发展，从1516年托马斯·莫尔的《乌托邦》发表算起，迄今已有594年的历史；马克思主义的诞生，从1848年《共产党宣言》发表算起，迄今已有162年的历史；“现实社会主义”运动的肇始，从1917年俄国十月革命的胜利算起，迄今也有93年的历史了。在这个不长不短的历史进程中，记录着太多的曲折、摸索和斗争。但哪一次革故鼎新不是高扬着人民福祉之旗？在真正的幸福到来之前，中国共产党人还有太多的有为与无为。找不到答案的时候，我们不妨再来听听这老掉牙的故事。在古希腊神话中，有一个无敌的英雄叫安泰，他力大无穷，无人能够战胜。他的秘密在于，每当他与敌人决斗遇到困难时，往母亲——大地身上一靠，便能获得新的力量。

看浙江，既是一堂创富课，当然不能没有钱。和团友合影时，大家都想留个咧着嘴乐的倩影。我建议可以喊三个词：茄子、田七、有钱。话音甫落，同志们便异口同声喊出：有……钱……

是啊，谁会跟钱有仇呢？

眼下人们不是都在议论“十二五”时期是分钱的五年嘛(官方的表述是“从国强到民富”)，期待着大河有水小河也能有水，期待着“先富带后富”能从道德推崇上升为国家意志，期待着个人的腰包能实实在在地鼓起来。

从创富到分钱，老问题依然是“不患寡而患不均”。中国人民善于创富，却未必善于分钱。穷会导致社会动荡，财富分配不公同样会导致社会动荡。而后者的损失和代价往往更大。

最后还是让偶弱弱滴带大家喊两句口号吧：

“人民币”属于勤劳勇敢的中国人民！

“人民币”属于创富的全体中国人民！

“人民币”属于……

新浪网友：能说实话的新闻人，我们支持你。

我们happy8：我很欣赏你，一直很挺你！不过有些观点还是不大赞同！实际上患不均是社会一直的命题，我们说好听点呢，应该叫做追求公平合理；粗俗一点地说呢，就是玩钱的社会，也该有个玩的规矩。任何游戏，很多时候，重要的是规则以及规则的遵守。不过，我依然挺你！能听到央视的人有这样的言论，很欣慰。

逆流成河：浙江人有野心，然后勤奋，我身边的好几个浙江人都是这样。还有，我相信我和money有个约会，为了这次约会，我会努力！赵普大哥，一切顺利！

新浪网友：支持！穷会导致社会动荡，财富分配不公同样会导致社会动荡。而后者的损失和代价往往更大。百姓不是仇富而是仇恨那些不正常富起来的人！！

自然子的视角：浙江的发达是浙江文化的特殊性使然。私有放在中国其他地方未必灵：文化不对！所以重要的是文化，然后是制度！我以后会论证文化若反动，公有私有都救不了命。其次，患不均就是反动文化，浙江人绝对没这意识，有的只是自己创造和公平竞争，或者说是竞争！

兰花草：物质生活不是评定社会的标准，看一个社会是物质生活、文化生活、道德取向、精神信仰等的综合考评。

新浪网友：从创富到分钱，老问题依然是“不患寡而患不均”。不完全同意楼主的这一观点。诚实劳动所得，没有人会埋怨；另外，分钱的比例不能只重资本。

浙江民营经济成长的人文力量

http://cblog.chinadaily.com.cn/port/yaobo/1700422815839.shtml

五岳散人

接到浙江省"人文浙江"专家博客行的邀请之后，发现这个活动的组织与其他类似参与的活动颇为不同。倒不是接待的规格，而是那种细致反让人不太适应——有可能是这些年来形成的对国内会务组织的某种深刻的印象，从而对好的东西反倒不太习惯了。从预订机票开始就表现得周到和细心，例如出发之前的一次一次短信告知当地天气状况。还没去之前让我就有了一个印象，说不定浙江成为经济大省，与这种人文的素质有关。

其实去浙江的次数并不少，每年都要去上几次，当地名胜不敢说如数家珍，也大致知道个八九不离十，在浙江人文这方面自认不算个门外汉。但这次活动还是颇有让人大开眼界的地方。这个不妨从第一天的活动说起。

第一天，与浙江省委书记赵洪祝、宣传部部长茅临生座谈。对于赵书记的一句话印象相当深刻。他说："十二五"规划说以前我们着重追求国强，现在要更加注重追求民富，但我们浙江不一样，我们早就把民富当做了目标。这句话之所以给我留下很深的印象，是因为我一直认为只有民富才是真正国强，国家想要强盛的话，靠剥夺老百姓是做不到这点的，只能是小河水满，大河才能有水，不可能像我们一贯说的"大河有水小河满"。而赵书记说话很实在，并无在惯常座谈时听到的那些官腔；而且他不断强调民营经济在整个浙江的重要地位，也是相当罕见的。

接下来自然是参观浙江的人文。所谓"人文浙江"不是游山玩水，而是从一个观察者的角度考察浙江的民营经济。一个经济的活动为什么会冠以"人文"之名？其实这个也是我们在参观最初所抱的一个疑问。随着参观的深入，这个疑问也渐渐被消除。

在这次参观中，有几个片段是令我极为惊讶的。在台州，当地的市委书记为了工作与会面两不误，早上7点就到我们住的酒店与我们共进早餐。这令人惊讶的地方在于，由于工作的关系，我与各级官员多有交往，晚上喝酒到几点的我都见过，从未见过这么早因为一次并不紧要的会面而起床的一把手，顿时就觉得台州这个地方不一般。

而这位市委书记在早餐会上的一句话也是令人印象深刻。他说自己与当地政府对于民营经济的态度用四个字可以形容——“无为而治”，这个“无为”不是不管，而是做好服务之后，民营企业的发展由他们自己做主，政府不应该、也没有能力去管。**政府的责任就是做好各种政策的保障，如果有可能的话，在某些关键的发展上给企业一些引导就足够了。**台州是全国第一个实行股份制企业的地方，这个确实做得不错，给政策，重引导。

台州还有一件事让人觉得领先其他地方很多，就是他们那里有两家发展良好的民营股份制商业银行，而且是全无政府背景的。很多人都知道，江浙、两广、福建的民间金融很发达，这种力量在改革开放之初就显示了民间筹集资金发展的力量。如果能赋予这种力量一个正式的名分，相信民营企业抗风险能力会强很多。尤其是这里的民营银行主要客户就是中小型企业。这又是浙江的一种“人文”：在别人不注意、不在意的地方发现生意。

参观杰克股份的时候，董事长则声称自己20世纪80年代就在东北以补鞋为生，为了省下吃饭、住宿的钱，总是利用自己身材不高的“优势”，成功取得村民的同情，免费求得温饱。他的回报是给人家全家补好所有的鞋。这大概也是另外一种“人文”精神吧。

到了义乌则是另外一种风光。

估计全球人都知道义乌的小商品市场，但这里的官员在提到民营经济的时候并未浓墨重彩描述，而是强调了不少政府管理的重要性。其实这事儿挺奇怪的，按说小商品市场里应该没啥公有制企业，该是更为纯粹的民营经济体，就说市场本身是政府规划建设，也不过是政府服务的一端，再加上资金还是来自民间经济。实际上台州比义乌政府在政策以及引导上做得更多，但人家还真是不自居功劳。

这次浙江的人文之行，传统人文的东西其实所见无多，**更多的是看到了浙江人文的另外一方面：创造财富、主导自己生活的热情。**这可能是更为深刻一些的人文景观吧。就我看来，应该比那些通常所认为的“人文”景观要强得多。浙江“七山二水一分田”，也正是这样的自然环境养成了这样的人文，然后才有其他我们所理解的人文出现。杭州是南宋时最繁华的城市，想必这种人文也是起了很大的作用。而南宋是整个古代中国经济最自由的时期，最有可能萌发出资本主义的时期。这种人文是值得好好研究的。

浙商崛起的真正秘笈是什么

http://huuu258.blog.163.com/blog/static/1196947512010103655176 5/?newFollowBlog

刚峰

此行浙江，所到之处，听的最多的也最为激昂的是，浙江人引以为荣的浙江精神。**这个精神的核心就是浙人“敢为天下先，勇争天下强”的性格。**

从上到下，从左到右，从里到外，从专家学者到政府官员再到普通市民，几乎一面倒地沉浸在这个优点中。

的确，从全国地域历史文化的角度来看，浙江人自身的这个优点比较突出。浙江人经商意识普遍高于全国其他地区，渊源在于所在的独特地域与历史传承。浙江轻盈而灵秀的吴越文化底蕴是其他地区所不能比拟的。

不可否认，浙江人在“三无”中起步，“五低”时起飞：“无资金、无技术、无市场”；“起点低、知名度低、文化程度低、企业组织形式低、产业层次低”。**浙商能够在全国独树一帜，源于自身的优势。传承经商历史、敢作敢为、吃苦耐劳的精神，与钟灵毓秀文化底蕴是支撑浙商崛起的几大因素。**

然而，辩证法告诉我们，一种经济现象的产生，一个群体的出现，除了自身的主观因素外，还必须有赖于时代、政策、市场等政治、经济、社会、民生等诸多外因。

如果只是喜气洋洋沉浸于自我陶醉中不能自拔，那就有可能重蹈覆辙。历史上，浙商也曾崛起过一段时间。在明、清两朝，浙商与晋商、徽商、闽商、赣商等一起，组成中国历史上的十大商帮，在中国经济史的画卷上，留下了粉墨浓重的一笔。

在浙江先后出现过湖州商帮、龙游商帮、宁波商帮、温州商帮、义乌商帮等著名浙商群体，但到后来为何都消失了？原因很多，究其根本，不是浙商本身的性格特点所导致，而是政治、经济、政策、市场等因素的变更等外因所使然。

纵观中国经济史，我们可以明白，商帮其实就是以血缘姻亲和地缘乡谊为纽带而联接形成的商业集团。明清时期，中国大地上形成了晋、徽、陕、鲁、洞庭、龙游、宁波、江右、闽、粤十大商帮。

何谓帮？帮，就是群伙。古话说：一人成个，两个成双，三个成众，四人成帮。成帮后就能互通有无，就能取长补短。

传统意义上的商帮都是自然形成的。在过去全国性市场尚未形成，通信不发达，交通不便利，法制也不健全，在此历史条件下，浙商帮依靠地域、依靠血缘成立起来，以水运为基本交通工具，在码头城市开埠兴市。无论是钱塘江畔，还是浙江的“三桥”，还是金衢盆地及湖州地区，从散落的老商业街道的遗址中，仍然可以窥伺当年浙商在水运口岸兴帮立商开墟镇的历史痕迹。

其实，每一个历史时期商帮的形成，其商人必有吃苦耐劳的基本禀性，都有开拓的勇气与精神。在历史上，所谓十大商帮中，浙商帮还挤不进前三名。在近代历史上，虽然宁波帮勇拓上海市场，但跟同时期的闽商与潮汕帮相比，远不如他们在南洋的开拓能力强、成就大。

改革开放前夕，当浙商帮还在全国各地以各种技能维生，补鞋、练摊，或做小商品生产加工、推销产品，疲惫不堪地奔波在全国各地时，广东人已利用香港、台湾、东南亚等海外的资金，以及大陆的人才辅佐下，展示大胆著称的性格特征，把珠三角做得风生水起，成为傲视全球的第一华商大帮！

直至中央将上海浦东设为开发区，上海被重新定位为中国经济发展的龙头，全球商人的眼光、人才与资金、政策等汇聚上海时，才给了浙江人一个施展的舞台。加上当时的浙江省主要领导审时度势，让浙江人的经商意识得到了新的释放，浙江人自身的特点才在时代给予的舞台上得以发挥，开辟出一片灿烂的盛景。

当年，珠三角的崛起，特别是深圳的突起，如果说是在海外资金、大陆人才及广东人开放的性格等诸多主客观因素的作用下成就起来的话；那么，**浙商的崛起，则是在开放的时代与开明政策的激励下，在上海这个以吴越文化为背景的硕大市场舞台上，依靠浙江人的精明与勤奋，把握住了难得一遇的时代契机，是遵循经济规律的一种历史必然！**

犹如百年前的宁波商帮，如果没有十里洋行的上海滩，就不可能有宁波商帮的横空出世。

我们在肯定浙江人自身优点的同时，也必须看到客观事实。上海被重新确定为全国经济发展的中心，是背托大上海的江浙地区发展的最主要市场动力，也是浙商重新崛起的客观秘笈！

浙商崛起应“先谢国家，后谢爹妈”

http://blog.people.com.cn/blog/c1/s45461.w1288218597182108

周蓬安

虽然多年来一直关注浙江民营经济的发展，但实地走访后，还是给我带来了极大的震动：浙江民企的活力旺盛出乎想象，浙江的民营经济已经远远地走在了全国的前面。

浙江省民营企业取得如此巨大的成就，除了“走遍千山万水，吃尽千辛万苦，说尽千言万语，想尽千方百计”这“四千精神”所反映出浙商敢于冒险、吃苦耐劳、善于创新、诚实守信的经商潜质外，**浙商的相互合作、抱团取暖精神，更是值得全国民营企业家学习。**

仅从这方面看，浙江民营企业的成功，应该“先谢爹妈”：要先感谢先辈们创造的浙江文化，是浙江文化孕育了世纪之交新浙商的崛起。

但如果不是因为有了一个特殊的政策环境，不是拥有比其他地区宽松得多的政策环境，即便是浙商也未必一定能取得成功，尤其是在如此短的时间内绝对不可能创造出如此辉煌的成就。

在20世纪80年代初期，全国各地正坚定不移地打击“投机倒把”的时候，浙江工商局就能创造性地在义乌建立了小商品市场，而浙江其他地区的“投机倒把”活动也相对活跃，这是与政府的开明分不开的。笔者在台州举办的“名博对话·民营经济”主题沙龙上曾说过：中国工商局的设立让中国民营经济滞后了至少10年。而浙江省工商系统却能在政策夹缝中，想方设法保护民营经济的发展，这样的执法理念，令人敬佩。

面对金融危机，浙江省工商局及时出台了19条措施来扶助民营企业走出困境，其中有三条特别引人注目，那就是被媒体称

作“三不”政策的“不处罚、不追缴、不吊销”。

跨入21世纪后，当各地工商部门还在置“过罚相当”的原则于不顾，不择手段地完成“罚没任务”，以得到更多提成的时候，浙江省工商局却紧盯国际知名企业不放：部分LV、D&G、BOSS、华伦天奴等进口名牌皮鞋因质量检查未过关而被销毁；雀巢、肯德基公司等因安全不达标而向中国消费者道歉；鲨鱼、都彭、博柏利、雅格狮丹等国际品牌服装抽查不合格率竟高达近60%，而被追究责任；牛气冲天的东芝、富士通、NEC、HP笔记本电脑抽查中被检测为不合格；“丰田汽车召回”事件中，全世界的丰田用户都能享受该公司的“召回”待遇，在中国却仅有浙江一省用户可以享受。

1994年8月15日，是中央和地方准备实行分税制的最后期限，除了上海因情况特殊得到中央的明确批准外，浙江却神奇般地保留了原有体制。如果不是因为1997年“金华税案”给浙江省领导带来的压力，今天的浙江是否会和上海一样，财政、国税、地税实行“三块牌子、一套人马”也未可知。别小看这三年，正因为有了这样特殊的体制，而使浙江成为全国政策的洼地，浙江民营企业正是抓住了这一机遇，步入了发展的快车道。

既然工商和税务能与别的地区有着完全不一样的管理方式，相信其他经济管理部门必定也非常开明，最终才形成了一个全国政策最好的经济“软环境”。**开明的还有近30年来浙江省的历任领导们，他们无论是浙江本地人，还是外地人，都能坚持奉行“少取多予、还富于民、藏富于民”的惠民政策，执政理念始终走在全国的前列。**

从这个层面上讲，浙商就更该“先谢国家，后谢爹妈”了。

对浙江民营经济的两大惊叹

http://user.qzone.qq.com/117550199/blog/1289344302
刚峰

"人文浙江"一周，让我这个来自中国最大改革开放特区——海南的博主最为惊讶的感受，归纳起来无非两点：一是浙江的民企老板太多；二是浙江的官员身上所表现出来的气质与其他省份不一样！

其实，这两点许多博主都有同感，且在对话与博文中均有概述与解读。那么，为何却还要独成一文？莫非这感叹背后还能折射出什么道道来？各位看官莫急，听我细说。

要说清浙江的农民老板，特别是私企老板为何那么多，要弄清浙江的官吏为何那么敢于开放，那么有胆识作为，还是先让我从历史背景的解读开始吧。

在中国漫长的历史长河中，官、商、民三者之间一直是一个非常棘手的问题。古人云：天下莫非皇土。在封建专制皇权统治下，百姓作为皇帝的子民，是相对幸运的，自己的东东焉有不爱之理！可惜，皇帝手下的官吏，作为皇帝的受托代理人，却在实际管理操作中常常欺上瞒下，欺压百姓，搞得民不聊生。在这种背景下，普通百姓要改变命运，只有三种选择：

一是读书。"学而优则仕"，孔子的儒家思想，让许多人感觉"书中自有颜如玉，书中自有黄金屋"，是一条比较稳妥地改变人生命运的路子。于是乎，一些聪明的人便从此挤在这条小道上发奋图强。有许多这样的案例，恕我不赘述。二是做刁民或造反。与其饿死不如闹革命，但这条路太危险，搞得不好就要丢性命，不到万不得已，不是被逼上梁山而不为之。也有许多这样的案例，也恕我不再赘述。三是经商。通过做商人积累财富，不仅能改变贫穷的命运，而且还能参与政治舞台。经商，虽然在那个重农抑商的朝代背景下有点艰辛，但却是一条比较稳固的路子，于是天下兴起了许多商帮。

官压民，民出商，商结官；官逼民反，民不得不反，民一反商就遭殃。古今中外，官与民，民与商，商与官等关系一直被搞得错综复杂，成为社会一直不得“和谐”的基本社会问题。

浙江人的聪明，不是说他们比其他省份人大脑发达，有着超常的聪明天赋。**天下人所说的浙江人聪明其实是说他们精明，精明的背后就是务实。**他们的务实表现在：千百年来，他们寻找到了一条符合自己生存法则的人生路。这条路就是经商！

让我来说一说，浙江人的聪明务实与江西人的区别。

南宋的建立，标志着中国文明从此从黄河流域转入了长江流域。同样是在南宋，同样是孔庙南迁，江西人选择的是一条保守的路，那就是死读书。

江西的地理地貌略优于浙江，没有什么大的自然灾害，在三面是山一面是江的小氛围下，日出而作日落而息。传统的小农经济中，人们自幼读圣贤书，走学而优则仕之路，换取功名利禄，走的是比较稳妥也引以为骄傲的路。于是乎，江西的教育文化异常发达。据查，自唐至清，江西有书院1071所，数量居全国首位。如此多的书院，自然造就了一批读书人和官宦。从宋至清，一大批江西人通过科举成为举人、进士。宋朝，江西共考中进士5442人，状元2人。《宋史·列传》里列入赣人219人，占全国第一位；在江西吉州的吉水有“一门三进士，三里五状元，十里九布政，隔河两宰相”之说，欧阳修、杨万里、胡铨、文天祥等均出自此地。数据统计，明朝副部以上的官吏，江西人占了三分之一，故有“翰林多吉水，朝仕半江西”的说法。

然而，靠读书改变命运的人毕竟是少数，大批的江西普通百姓依然过着农耕文化下的保守、贫困的日子。也许是大部分人过得贫困且心里不服，在难熬的艰难岁月下，许多没有读过书的江西人也不得不走上了官逼民反的危险之路。从陈友谅到张国焘，江西人在造反的道路上，一直是前赴后继。将军数量之多并不逊色于江西的读书人。

证据表明，靠造反起家的近代革命领袖的先祖多出自江西，例如孙中山、毛泽东、邓小平等。直至今日，江西的“井冈山精神”还是官方的楷模。江西的读书人与百姓选择了两条不同的路，部分夹在中间的经商人，在这种背景下也就难有大作为了。即使在历史上江西当官人最辉煌的年代，因为读书人的脾气，也很难听到有什么商人与官吏相交而成为中国首富，带动一方百姓致富的事儿。

商业活动一直是江西普通百姓的弱项！

而为邻的浙江人却不一样。他们也读书，但不是读死书。他们靠读书出道的文化人虽然比不过江西人数之多、名声之广，但却能从南迁的孔子的学问中发现漏洞。于是他们创建了“永嘉学派”，告诉老乡们：既不要像江西人那样读死书，也不要像孔夫子的家乡人——山东人那样鲁莽，动不动就上梁山当好汉。

他们告诉后人：读书不只是为了当官，而且还可以经商。富则达济天下，比穷秀才所谓读书入仕“修身齐家平天下”空喊口号要实惠得多，也符合浙江的省情。于是乎，浙江人在读书、造反、经商的三条路中，走向了商海济世。无论是明朝的天下首富沈万山，还是清末的胡雪岩，一大批浙江商人横空出世，活跃在历史舞台上，成为一道金光闪闪的风景！

古今中外，大凡经济发达地区，其政治一定比较开明。欧洲的政治三权鼎立，其实也是其经济基础的必然产物。

南宋建都临安（今杭州）后，一改北宋时的酷政，采取阴柔的兴商政策，亦是适应江南一带兴旺发达的商业需要。明朝有“二京十三省”的政治框架，朱棣夺权，建都北京，依然保留南京作为京都且一直沿袭到明亡，除了满足当时的政治需要外，重要的一面亦是南京作为当时全国的经济首都的管理需要。南京（当时的应天府）管理十余州，所用干部大多是南方科举之人；清朝末年派张之洞出任两江总督，正是因为老张是当时著名的洋务派亦即改革者。诸类繁多的举措皆是上层建筑适应经济基础发展之需要。

近代革命先祖马克思、恩格斯与列宁，都曾千篇一律告诉后代造反的弟子：上层建筑一定要适应经济基础的发展，否则……革命先祖的名言是哲理，说出了二者之间的辩证关系，是一代人智慧的结晶，同时也说出了人类社会政治经济发展的客观规律。

我引用这段话的意思，无非就是想表明，浙江官吏们在改革开放中所展现出来的智慧与胆识，其实就是适应浙江经济发展的必然产物。浙江为何会出这么多的农民老板，浙江的官吏为何这么胆大？我对浙江民营经济发展的两大惊叹，综合起来就是一点，那就是浙江的上层建筑终于适当地调整到了适应经济发展的需要。浙江的官、民、商三者关系相对于其他省份更“和谐”的根本原因：一是历史的传承，二是现实的必然。

浙江的民营经济发展的两大惊叹所折射出来意义的解读，让我看到了未来中国在政治、经济、社会等各方面转型发展的曙光。

浙商的创富故事告诉我们什么

http://user.qzone.qq.com/622004524/blog/1288974219

陈宝存

由于关注的点不是很一致，此次出行考察采风，博友们的文章写了很多，我也没来得及认真拜读。但是，对于台州路桥区杰克控股集团阮总的眼泪记忆犹新，我感到有很多话要说。

我们此行听到了很多浙商“富一代”创业时期的故事。杰克控股阮氏三兄弟的故事很有代表性。1985年，阮氏三兄弟到鸭绿江边钉鞋的经历，成就了现在的杰克控股公司的辉煌。

杰克控股集团有限公司成立于1995年7月18日，目前是中国大企业竞争力500强之一，是中国缝制机械和机床行业的骨干企业，是一家跨地域、跨产业，不跨制造行业的民营集团，现拥有浙江、上海、江西三大生产基地和工业缝纫机、机床两大产业。

杰克控股集团以资本为纽带，以科技为先导，以人才为依托，以市场为载体，稳健经营，不断创新，始终保持高速发展，先后获得中国大企业竞争力500强、中国民营企业500强、中国成长企业100强、中国企业文化建设先进单位、中国优秀企业、中国轻工业企业信息化建设先进单位、国家级高新技术企业、全国质量管理先进单位等荣誉。

这样的奇迹对于靠钉鞋起家的阮氏三兄弟而言要付出多少辛苦，要丢失多少人间快乐啊！在我们同行的博友关于“富二代”的提问中，阮总泪水滂沱，无法自禁。“富二代”，常被我们过于程式化、过于妖魔化地记述，但对于创业期失去天伦之乐的阮总们而言实在是不堪回首的记忆。“富一代”们究竟给了“富二代”们什么，这是值得探讨的。至少阮总的儿子，对于父亲是有怨言的。“富二代”们真的只看到了金钱吗？不是，他们要的是父母的长相厮守。为了亲情，很多“富二代”不惜放弃财富。

当时我说了一段话：我们不必苛求“富一代”们，他们的创富故事仅仅开始了30年，而中国历史上，著名的晋商已经完美地解决了“富不过三代”的矫情。只是过于动荡的中国近现代史，使得经济生活被完全割裂，才导致我们对“富二代”的担心。让时间来解决问题吧！

市场经济推进的30年中，出现了贫富分化问题，我们心存不理解是不对的。让部分人先富起来，而不是继续搞平均主义大锅饭体制，这是历史形成的格局。当前对于20世纪70年代的真实情况，记述的较少，造成了“80后”、“90后”群体对上述时期历史的错误理解。比如福利分房，他们的理解与20世纪70年代的实际有巨大差距。

我们现在有很多情绪化的解读，认为“富二代”的产生也是不公正的社会现象。我不知道这种思维是怎么产生的，但是我认为这种平均主义思潮是十分危险的。

在很多场合我都在说：你可以不是“富二代”，但是通过你的努力，让你的儿女成为“富二代”才是你要追求的。这是诛心之论。没有信心的“80后”、“90后”，实在不会有美好的前途。

学习浙商，不是学习他们的补鞋、摇货郎鼓、卖瓜子的经历，而是学习他们的精神。我们现在的所谓“蚁族”群体，与改革开放之初走遍大江南北的浙江人相比，不知道好了多少倍。“浙江村”现象的产生是自发的，对于浙江村的表述，我们有很深的记忆。第一代浙江村村民，成为“富一代”的有多少不得而知，但是浙江经济的崛起绝不仅仅在浙江本土，而是遍及祖国各地。

我知道的是，即使是山西的煤老板，也有很多浙江籍的。浙商，在改革开放的32年间，应该是最大的获益群体，他们没有靠着国家的救济、国家的保障，所以他们才走得更远。

反观目前的年轻人，有多少想过“吃得苦中苦，方为人上人”？更多的是娇生惯养出的“温室花朵”，想的是“活要轻，钱要多”。但是，除非自己创业成功，否则企业是不养爷的。当然也不会有白得的保障，也不能让这种情绪发扬光大。

我反对保障房的扩大化，原因当然不单单是土地问题，而是激励机制。面向中年失业人群还可以理解，保障房面向正在创富过程的年轻白领就不能理解了。没有重压的年轻人，很难成大器。我们缺乏挫折教育的体制，造成了“80后”的集体不幸福，当然他们的父母责任最大。社会要给他们补上这堂课，这对于未来20年注定走上历史前台的他们至关重要。

中国穷人改变命运的十个准则

http://blog.sina.com.cn/s/blog_4fcb878a0100lsq4.html

石述思

毋庸讳言，这是个贫富分化严重的年代。

造成的社会问题很多，比如大家对依靠自己力量创业失去信心，纷纷热衷当官，使国家公务员考试热震惊世界。

更可怕的是贫富世袭。“拼爹”游戏的盛行似乎在鸣响序曲。

不在失望中沉沦，就在失望中骂娘。这可以泄愤，但却看不到改变命运的希望。

假如你真的想靠个人奋斗改变命运，其实还有另外一个版本的人生可以尝试。

在一个叫浙江的地方，万千的民营企业家从最基层的草根崛起，打开了一扇通向财富的窄门。他们以充满传奇的经历修正了我对中国商业乃至社会的认知。结合在浙江考察的真实经历，我总结了当代中国穷人要想改变命运的十个准则，欢迎“拍砖”。

1.不要将祥林嫂当成偶像，抱怨生活。浙江商人忠告：一无所有其实意味着不怕失去什么。

2.不要被面子所累，要敢于从最基层做起——卑微不是身份，是心态。浙江台州的两大富豪——飞跃集团老总邱继宝、杰克集团老总阮福德都是修鞋匠出身，而闻名世界的阿里巴巴掌门人马云不过是教师出身。

3.不要害怕创新，只要符合市场需求，可遵循法所未禁止即是可行的原则进行尝试。浙江商人的成功表明：只有先行一步才能领先市场。具体可参考温州经验。

4.不要单打独斗，要抱团取暖。浙江商人之所以在全球不断上演“蚂蚁战胜大象”的奇迹，和其靠特殊血缘、地缘关系凝聚的集团力量不无关联。

5.不要重义轻利，要义利并重。具体从

雨相望:这是一条通过奋斗致富的道路!

Tiger:我认识一些浙江人，知道许多人的第一桶金是怎么来的。在20世纪80年代末90年代初，他们背井离乡，甚至带上孩子：路边摆摊补鞋、起早贪黑做豆腐、打石头、做木匠等，什么脏累差活儿都干。

ljblgg76:读万卷书，行万里路，行路有时比读书更重要，所见所感是切身的。

小草：是的，怨天忧人于事无补，要敢于从零做起!

海阔天空：浙商确实在全国都很出名，我想这与他们的生存环境密不可分，我认为是环境造就了人!为了生存，或者说为了改变自己的现状，他们没有选择骂娘，而是自强不息!

新浪网友：“将诚信当成信仰”，说得何等好啊!这才是通往成功的秘诀。

并非千里驹：你总结得很对，让我这个浙江人也深感你的洞察力很敏锐!我有些亲戚在温州做官，的确像学习浙江永嘉学派的精髓开始。

6.不要偷懒，勤劳永远是成功的第一个阶梯。浙江商人的勤劳举世闻名，逼得竞争失利的西班牙人直烧温州人的仓库。

7.不要奢靡，永远牢记你挣的每一分钱都是辛苦所得，但在该花钱的地方一定不要吝啬。浙江商人善聚财，更善于利用资金将事业做大。

8.不要欺骗，要将诚信当成信仰。浙江商人之所以能引领市场和民间金融发展，是因为在诚信制度缺失的今天，普遍自觉恪守内心的准则。

9.不要勾结官员，更不宜与政府对抗。浙江商人其实努力建构了一种相当先进的政商关系——用商业思想家冯仑的话说就是：建立在基本的道义、制度、根本方向上的一致。很多浙江民营企业的老总都兼任本公司

你说的思想非常开放，有亲和力。他们把目光投向更广阔的地带，而不是整天争权夺利，甚至巧取豪夺、鱼肉百姓。我甚至感到他们的全球目光远远超过我这个长期从事外贸工作的“老”人，他们对官场迎送之风气很不以为然，生活相当简单，而且干劲十足。你总结得太好了！

新浪网友：我的体会是：一、要有一个明确的奋斗目标；二、要有坚持这个目标的恒心和毅力；三、要有实现这个目标的正确方法。

雪妞妞：大家纷纷对靠自己创业失去信心，这是普遍现象。浙江政府人性化的服务和开放的思想，这是前提。

窗外的树：不管做到这些能不能成为富有的人，这些都是应该学习的。因为人不是只有为了财富才要学习努力——说得好！

党委书记，不仅可以让党放心，还能尽可能争取政策支持。

10.不要怕失败，要善于总结经验教训，并以开放的心态学习成功。浙江商人文化程度普遍不高，但接纳先进技术、管理理念，并勇于率先实践的能力在中国无出其右者。

当然，这一切建立在这样一个前提上：需要有一个尊重法治、尊重市场、尊重企业的政府。浙商很幸运：浙江官员也许是当代中国政坛最不像官员的群落，多数低调务实，恪守权力的边界，不轻易干预微观经济运行，并尽力制定引领企业健康发展的公共政策，尽其所能提供到位服务。可能距法治市场经济要求还有距离，但已足以让其余省市民营企业家艳羡不已。

新浪网友：你的文章我喜欢的不多，这算一篇。有没有想过，坐而论道和实地考察有什么不同？我想，这可能是我愿意接受你这篇文章的深层原因。

思蓉：迈出第一步，你就是胜者，因为当你迈出去的时候还有很多人在为此犹豫不决。

薏仁1983：身为浙江人，感到自豪，也感到压力。我也要努力创业，不怕失败。敢拼才是浙江人。

宏亿螺丝:浙江是小政府，藏富于民，所以老百姓都比较有钱；非常佩服浙江政府在这方面开放民主的心态，为民营企业兴旺发达营造了好的环境。

经济转型的浙江有赖于政府职能变管理为服务

http://user.qzone.qq.com/622004524/blog/1288815427

陈宝存

此次在浙江的考察走访调研让我们对浙江经济的发展秘籍有了大致的认识。**应该说，资源不占优势、政策没有特区的浙江的崛起，更多的是靠人的因素，更多的是靠政府职能的到位。**

浙江对全国的影响远远不是仅在浙江就可以全面了解的。以河北、北京为例，“浙江村”现象给我们的启示早在20世纪80年代就已经开始了。北京浙江村是个奇迹；石家庄新华、南三条两大集贸市场的崛起，都是浙江人创造的奇迹。所以，浙江人创造的绝不仅仅是浙江经济本身。

对于2008年全球金融危机给浙江带来的负面影响，浙江省委常委、常务副省长陈敏尔表示，在当前经济形势下，浙江民营经济仍然以它的活力保持了自身的良好运行。目前，浙江的民营企业在浙江本土创造了70%的生产总值、60%的税收和76%的出口。

我们也始终坚信浙江人的头脑，浙江人的创新意识，与浙江人的吃苦耐劳、踏实坚韧精神，浙江很难被时代超越。

3月，**浙江省委书记赵洪祝在2010年“两会”上论经济发展方式转变的发言时强调：加快转型升级，时不我待，必须快些，再快些。**快些，再快些，需要强化制度安排的保障作用，完善加快经济发展方式转变的体制机制和政策导向。进一步深化地方政府机构改革、行政审批制度改革；进一步深化资源要素市场化配置改革，使资源价格能够反映资源稀缺性、供求关系和环境损失代价；进一步转变财税体制，完善财税政策，使之能更多地满足公共服务和协调发展的需要；进一步完善社会保障体系，发挥好作为人民生活“安全网”和收入分配“调节器”的作用，为加快推进经济转型升级“保驾护航”。

赵书记强调指出：加快转变经济发展方式，当前要“正确把握九大关系、实现九个新突破”：一要正确把握“大”与“小”的关系；二要正确把握“新”与“旧”的关系；三要正确把握“引进”与“研发”的关系；四要正确把握“海”与“山”的关系；五要正确把握“破”与“立”的关系；六要正确把握“内”与“外”的关系；七要正确把握“城”与“乡”的关系；八要正确把握“利用”与“保护”的关系；九要正确把握“共建”与“共享”的关系，促进经济又好又快发展，让改革发展成果惠及全省人民，力求在全面改善民生上取得新突破。

中国经济转型确实早已经成为共识，但是中国经济深层次问题制约着转型的推进。人的因素制约了中国向高科技的转型，而且知识产权观念的淡薄，也制约了高科技产业化的推进，所以“新”与“旧”的关系在转型期是必须充分重视的。

对于浙江民营经济的发展，赵洪祝书记强调：“要进一步优化民营经济发展环境。具体来说，我们将继续克服各种体制障碍，不禁止的事情就是可以进入的，以这种方式来支持浙商参与国有企业的改革，依法进入基础设施、公用事业、金融服务和国防科工等领域，促进经济转型升级。”

在中国市场化实践中，对于政府职能定位一直处在反反复复的拉锯状态。各种思潮、特别是“左”的思潮一直制约着中国经济的发展。每一次经济波动，我们完全归于市场化的倾向相当明显，姓“资”姓“社”问题的讨论并没有真正停止。在中央政府层面，过多地运用管理和控制，对经济发展的伤害越来越明显。原因是靠几个人的头脑，特别是计划经济时代的封闭指导市场运营本身就是错误的。

体制障碍的突破一直是改革开放32年来的焦点问题。浙江是做得最好的。而刚刚结束的十七届五中全会强调：改革是加快转变经济发展方式的强大动力，必须以更大决心和勇气全面推进各领域改革，大力推进经济体制改革，积极稳妥推进政治体制改革，加快推进文化体制、社会体制改革，使上层建筑更加适应经济基础发展变化，为科学发展提供有力保障。

政治体制改革全面影响着经济体制改革的进行。有了完善的政治体制，我们才能结束折腾不止的改革过程。过多的体制束缚、行政束缚，过多的政府管控对于中国经济绝不是好事情。

浙江全省上下对于政府角色的定位认识是十分清晰的。**做好服务而不是掌控权力以谋私利，实际恰恰是浙江快速发展的关键所在。**也是浙江在本地资源优势、政策优势并不具备的条件下创造浙江经济奇迹的关键。

我们期望浙江在政治经济体制改革中，为全国提供更多、更好、更有效率的经验。

June薛：顶！江浙经济已经有了长足的发展，经济形势好，劳动力价格攀升，从事劳动力密集产业的障碍也越来越大。浙江一直走在中国经济发展的前列，倘若他们转型成功，必然将为数十年后内陆地区同样可能遇到的转型提供经验和参考。

权力越小，生产力越大

http://blog.tianya.cn/blogger/post_read.asp?BlogID=140232&PostID=27550016

椿桦

为期一周的“人文浙江”专家博客主题笔会于2010年10月29日落幕。这次活动共走访了杭州、台州、金华，及金华市辖内的义乌、东阳等地约20个企业、市场及人文景观。我有幸与近20位国内知名学者及网络作家共同参与此次采风笔会，对“人文浙江”有了一个全新认识，尤其对浙江政商环境印象深刻。

关于政商环境，许多人的脑海中难免会冒出“十顶大盖帽围住一顶大草帽”的景象。“大盖帽”与“大草帽”当然是对从前经商环境的一种讽刺——市场上出现一个小贩，立马就有一群政府工作人员来“监管”。但不得不承认，这种情形在如今许多地方仍然大量存在着，后来还增加了一个“十顶大盖帽围住一顶厨师帽”的奇观。有关某地某企业刚刚注册成立，就被一群“大盖帽”吃垮的事例，相信诸位都没少听说。

许多地方之所以经济发展不起来，很大程度上与公权力过大、过于放肆有关。实践已经证明，并将继续证明，权力插手过多，必然会束缚发展经济的手脚，导致生产力低下。反之，**权力越规范，生产力就越大。**

令人意外的是，通过对浙江部分地区的走访，我们发现该省各级政府的服务意识非常强，与我们印象中的一些政府形象，有着比较明显的差异。在一个星期的行程中，省委外宣办一位副主任在身体不适的情况下，仍坚持全程陪同；网宣处一位美女副处长全程充当导游、后勤主管、服务员等多重角色。其间，省委书记赵洪祝还抽空看望了我们。特别值得一提的是，我们走访的所有企业，没有一家安排我们吃饭，也没有一家企业因为来了省市领导而对他们毕恭毕敬，完全将他们视为普通的来访者。在互动交流的环节，领导与来宾们一样，积极举手发言，发表自己的见解。

有人会说，这不能排除政府官员们如此表现，有刻意为之的可能性。不过，我有一位在台州市政府工作的朋友，一日晚上来酒店看望我，谈及当地公务员的权力时，也说到：当地公务员基本没有权力去干预企业，也几乎没有捞外快的可能。我在杭州工作的一位前同事也证实了这一说法。他说：浙江人很有钱，维权意识也很强。政府一旦越权扰民，他们就会不惜成本地去打官司告官，因为他们出得起钱。

浙江官员服务企业的形象，到底是伪装的，还是真实的，最终还得靠事实说话。我们从浙江民营经济的发展状况，可以找到答案。如大家所知，浙江民营经济的发展，一直位居全国前列。目前，全省私营企业已经超过60万家，在全国民营企业500强中，浙江一省就占了203席，而这个省却是全国面积最小的省份之一。民营企业的活力从何而来？人们习惯性认为是浙商有先天的经营头脑，但我觉得这基本是自欺欺人的鬼话。同是中国人，头脑构造基本也是相同的，不同的只是环境。

这次采风行程中，我们还访问了著名的阿里巴巴集团。大家都知道，阿里巴巴的掌门人马云曾被一些地方政府邀请去他们那儿创业，或将总部迁移到他们那儿。而事实上，阿里巴巴的总部曾经设在上海。2009年，在上海市政协十一届一次会议上，上海市委书记俞正声要求反思“上海为何留不住马云”。对于这个问题，马云早有说法。他说：感觉当时上海“怕我们这样的创新公司”，“因为上海比较喜欢跨国公司，上海喜

华南无老虎：支持楼主分析。经济发展的事实，是说明一切的硬道理！

jak3:实践还证明，经济越落后，官员越喜欢压制舆论、欺上瞒下；经济越发达，官员则更开明。这是一个恶性循环与良性循环的过程。

水边的阿娇：椿桦老师所言极是。连经济发达的广东也未必如江浙，至少贫富差距比江浙一带要大。

第一愤怒青年：仔细阅读了大作，文章非常精彩！学习中……

欢世界500强企业。如果是刚刚开始创业的民营企业，最好别来上海”。谈及对杭州的感情，马云说：阿里巴巴的成长基于杭州的天时地利人和。没有杭州就没有阿里巴巴，特别是在“非典”时期，阿里巴巴获得了杭州市政府和市民的支持。“我相信，在杭州也能诞生全球知名的互联网络公司。”马云如是说。

在台州，政府官员们说得最多的一个词是“无为而治”。但事实上，政府在服务企业方面，却是大有作为。在当地两天的采风活动中，台州市官方将我们的行程安排得非常满，而且所到之处基本都是企业，其中包括私营泰隆银行、杰克控股集团、吉奥汽车集团等。在每一家企业的考察活动中，都安排了座谈交流，连晚上的时间也不放过。市经委组织了一场很有品位的“名博对话·民营经济”主题沙龙，找来当地企业家与来宾们共同交流，一直举行到晚上10点多才结束。显然，他们这是要将由政府支付的专家差旅费用途最大化，将有限的经费投入无限的挖掘民间智慧中。

这样一种热情，让我们找到了浙江民营经济活力四射的答案，也为其他许多经济落后的地区提供了可供参考的样本。当然，浙江各级政府职能的转变，还有许多工作要做，但在现有体制下，权力能保持最大限度的谦躬，已属弥足珍贵。

都知道，**政府的职权来自于人民，自然，其主要责任就是服务于人民。**人民之所以组建政府，是希望庞杂的社会有个协调人和守夜人。美国总统小布什说：“人类千万年的历史，最为珍贵的不是令人炫目的科技，不是浩瀚的大师们的经典著作，不是政客们天花乱坠的演讲，而是实现了对统治者的驯服，实现了把他们关在笼子里的梦想，因为只有驯服了他们，把他们关起来，才不会害人。”但综观咱们许多地区的现实，不要说把权力关进“笼子”，普通民众没被关进“笼子”，就要烧高香了。可以说，权力不被关进“笼子”，经济社会的生产力就必然削弱。生产力上不去与民众被关进“笼子”，想必区别也不太大。

浙江为什么"插根筷子都发芽"

http://user.qzone.qq.com/622007843/blog/1288452730

盛大林

现任国务院副总理张德江当年在浙江担任省委书记的时候曾说过：浙江这个地方呀，"插根筷子都发芽"。这句话至今仍为浙江人所津津乐道。

从自然规律的角度讲，筷子插到任何一个地方都不可能发芽。张德江如此夸张，无非是要强调浙江民营经济具有非凡的生机和活力。那么，浙江的民营经济为什么能发达到能让"筷子发芽"的程度？民间的内生发展冲动当然是根本性的原因，但适宜的气候和土壤也是非常重要的因素。

日前在台州采风的时候，当时政府的官员总是强调：企业生产什么产品、经营策略是否合理等都是企业家们考虑的事情，政府的职能是为企业的发展创造发展的平台、营造良好的发展环境，也就是要为企业的发展做好服务。从我们考察过的企业来看，政府是这么说的，也确实是这么做的。这让我想起了温家宝总理就政府职能转变问题曾强调过无数遍的一句话，那就是：服务型政府一定要把那些不管该、管不了实际上也管不好的事情交给市场；政府的职能是公共服务、社会管理、经济调节和市场监管……

不过，**浙江地方政府让我印象最深的还不是他们的服务意识，而是他们的勇于探索、敢于担当的精神。**比如采风团在浙江泰隆商业银行考察的时候，有专家提出农民应该是小型民营银行的目标客户，而国家规定农村房屋及其宅基地等不能抵押，这既不利于农民的创业或经营，也不利于民营中小银行的发展。台州市银监会的一位副主任当即回应称，虽然国家规定农房及宅基地不能抵押，但台州实际上已经在尝试，即允许农户用农房或宅基地抵押贷款。实际上，浙江的民营银行当初也都是在政策不允许的情况下慢慢发展起来，并逐步得到认可的。不难看出，只要是符合改革方向的，或者有利于经济发展的，浙江的地方政府就敢于去做。可是，这样做的政治风险也是显而易见的。

内地绝大多数地方的政府及其官员，该管的事情不去管，不该管的事情乱管；而浙江的政府及其官员则恰恰相反，他们不仅不插手企业的经营，而且创造性地为企业服务，甚至主动承担改革的风险——两相比较，差别何其大也！

有点雨露即滋润，给点阳光就灿烂。民间本来就有着内生的冲动，政府又提供最贴心的服务，"筷子发芽"有什么好奇怪的呢？如此看来，股份合作制首先在台州出现，民营银行首先在浙江开业，都不是偶然。

夏娃：浙江人民爱动脑子，会吃苦，勤奋，历来就是这样。习近平副主席刚任浙江省委书记时也非常感慨地说过：浙江经济真是非同一般，政策特别灵活。

快乐天鹅：浙江的发展环境好同领导干部的高素质有着密不可分的关系，他们对中央的政策研究得深，对发展是硬道理践行得好。我走过好几个地区，唯独在浙江和江苏等长江三角洲地区让我感受到什么叫"解放思想，与日俱进"。

民营经济是建设公民社会的“领头羊”

http://user.qzone.qq.com/622007866/blog/1288751893

黎明

受浙江官方和浙江在线网站的邀请，近日参与了“人文浙江”专家博客主题笔会活动。在杭州、台州、金华等地采风过程中，我对当地民营企业迅速壮大、民营经济活力充沛，印象极为深刻。

有位浙江官员说，在这边看（内地官员）比我们更像官——这不是表示羡慕，而是一种委婉的比照式自夸，也隐含批评之意在内。浙江的官员比较“小”，浙江的民众相对“大”；浙江的民间江湖比较“多事”，而浙江的庙堂相对“无为”。这样的社会生态特点，可作为某种“政治格局”视之，对中国社会的进步来说，具有真正的先导意义。我以为，这种先导的价值比“中国经济先导”更富文明或人文的内涵。

显而易见，民营经济为民间江湖生存发展的物质基础、基本条件。我另外特别关注的，是其对“江湖素质”的提升功能，对“公民社会”建设的促进作用。思忖之，“体制外民营经济”之所以能够对体制改良和演变影响深远，根本原因在于：无论任何政策、政绩，都比不上民营经济对“人的发展”的贡献。也就是说，其具体实效，可以“落实到人”，体现于“江湖人群”。

作为时政论坛的资深版主，对网上民间智力地域分布早有研究。大体说来，越往北，怀念极“左”年代或激烈排外、随时叫嚣“必有一战”的网友就越多——民营经济和民营事业越不活跃，民间智力越欠发达，非理性情绪则越强烈。

而在江、浙、粤等发达地区，则几乎看不到活跃的、偏执的“极左人士”。在浙江采风活动期间，我向当地官员“刺探”网管内情，询问近日“民族主义”的群体事件动态，得到的回答是“没有任何迹象”。说到原因，则是“都忙着挣钱了，不会在意那些事”。

“忙于挣钱”只是一个次要原因，这里还有更重要的因素。

其一，民众独立自主从事企事业活动，对民间群体的智力开发效能，胜过开办无数所大学。民营者只分析市场、财务等商务问题不行，还得想社会、估人心、辨地区关系和国际关系。他们要为自己的错估臆断付出血汗和真金白银的代价，由自身承担全部后果，因而他们考虑问题必须据事实、循逻辑。民企遍地开花，实际上是最大规模的国民教育强化和人才培训活动，知识接受的功能还在其次，科学思维训练的绩效方为首功。因此，民智渐强，民间对“国内外形势”的分析，也就容易接近客观现实。

其二，全球经济一体化，“化”到了民营企业发达地区的许多普通人群，而不是“化”到官家、官商为止。强大的民企和外部世界乃至非友善国家、地区，都有某种具体利益的关联，供求市场教会了他们凭利害“讲政治”，由“念本家”而生出“顾大局”思维。即便这只能算做“老板思维”，在人人欲当老板的浙江，也足以压抑“打工仔”的“愤青”情绪了。

难得激昂、少见愤怒的江湖，还算得上强势江湖吗？其实，浙江民风不可谓不强悍，民众之胆量，比一般内地群众大得多。官家若阻碍其谋生与发展，若被认作于我不公，强硬而有计算的抵制就来了。所以，温州、台州等富庶、“有福”的地区，“民告官”案件反而居高不下。这并不能说明当地的政府和官员特别差，能说明的反倒是一种相对比较正常的状况——当地居民不怎么怕官，他们的维权意识很强。同时，民营活动推进契约精神、契约秩序走强的实效也从中显现。

不怕官，有地域文化的传承因素，在当今更需仰仗其“物质基础”。老子腰包鼓鼓可四海为家，和当地官家关系搞拧了，最多不过是拔腿走人，你当官的能咬我啊！没什么了不起！而在政府和官员那边，就不得不考虑这种“政治现状”，从而令官权官威少了一些嚣张。

虽然不能按学人和学术的标准来衡量、要求大群的民营者，然而，坚挺的民营者同样追求并趋向“独立之人格，自由之思想”，这一点无可争议。民营经济活跃的地区，应该也能够在建设公民社会方面做全国的“领头羊”——要论地区贡献和执政政绩，这比一只跛脚的中国经济“领头羊”强得多。

“三民特色”的人文亮点

http://blog.qq.com/qzone/622007866/1291081242.htm

黎明

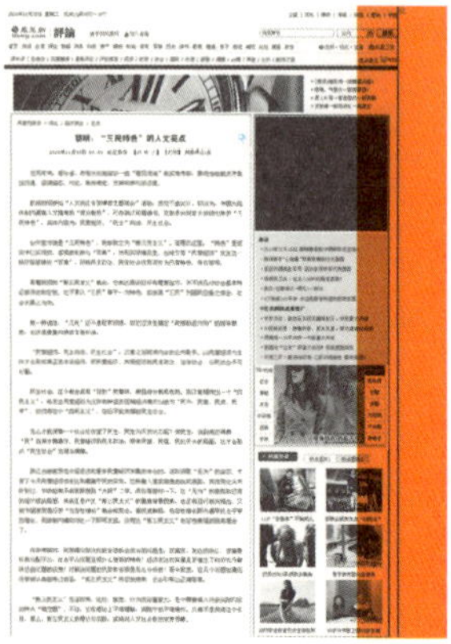

近两年来，部分省、市有计划地组织一些“意见领袖”做实地考察，展现当地亮点并做出沟通、征询姿态。对此，我抱肯定、支持和参与的态度。

前段时间参加“人文浙江”专家博客主题笔会活动，感觉不虚此行。窃以为，中国大陆体制内最富人文精神的“理念概括”，已在浙江初露端倪。这就是台州官方总结出来的“三民特色”，具体内容为：民营经济、民主政治、民生社会。

台州官方说是“三民特色”，我却称之为“新三民主义”。道理在这里：“特色”是现实中已实现的、客观的反映与“写真”，然而实际情况是，当地只有“民营经济”发达这一经济局面接近“写真”，而将民主政治、民生社会这两项作为已有特色，并非客观。

再看我用的“新三民主义”概念，表达预设目标和理想追求，并不涉及对社会基本特征的评估和定性；不承认“三民”等于一方特色，却拔高“三民”为国民应备之信念、社会发展之方向。

换一种说法，“三民”还不是现有政绩，但应该是确定“政绩前进方向”的指导思想，也该是度量政绩的主要标准。

“民营经济、民主政治、民生社会”，三者之间有其内在的必然联系。以民营经济为主体才会形成真正的市场经济，而民营经济、市场经济和民主政治、法治社会、公民社会不可分割。

民生社会，这个概念具有“目的”的意味，更显综合概括性质。浙江曾提炼出一个“四民主义”，将发达的民营经济为主体和特征的区域经济模式归结为“民办、民营、民有、民享”，但仅有这个“四民主义”还远不能支撑起民生社会。

怎么才能保障一个社会处在宜民生、民生为天的状态呢？保民生，说到底还得靠“民”自身才靠得住。民营经济和民主政治带来民智、民强、民比天大的局面，这才会形成“民生社会”的根本保障。

浙江当地官员在介绍促进和服务民营经济发展的体会时，说政府取“无为”的姿态，才有了今天民营经济的发达和藏富于民的实效。这种融入道家思想的执政思路，我在别处从未听到过，乍听起来不由联想到“大胆”两字。而后再思忖一下，这“无为”的思路和已有的经济现实局面，其实正是产生“新三民主义”的重要背景因素，也正和亚洲开发银行首先提出、又被中国高层倡行的“包容性增长”概念相契合。据权威解释，包容性增长即为倡导机会平等的增长，而体制内横向对比一下即可发现，没有比“新三民主义”包容性更强的既有理念了。

在浙江考察时，我想提问但没找到合适机会发问的是：在富庶、发达的浙江，贫富悬殊和分配不公、社会不公问题呈现怎么样的独有特点？经济发达的背景是否催生了政府先行解决这些问题的设想？对解决问题的优势和劣势是怎么分析的？而今我想，这几个问题如果还没有被认真思考过的话，“新三民主义”将启发思索，也会引导出正确答案。

“新三民主义”包容政策、法规、思想、行为的容量很大，是个需要填入许多实际内容的特大“填空题”。不过，在理论上不难理解，实践中也不难操作。只要不是假借这个名目，那么，“新三民主义”的理论与实践，或将对人文社会作出宝贵贡献。

第五章

建言·转型

Ch

Fiv

apter
e

5

请把天台山打造成城市发展的一张金名片吧!

http://user.qzone.qq.com/117550199/blog/1288113085

刚峰

天台山无疑是台州最具历史文化的旅游圣地。浙江方面安排我们走进台州的第一站便是此山。

10月24日，博主们从杭州出发经两个多小时的奔波，于10点多钟到达天台县时，前来接车的台州市委宣传部的领导登车告诉我们，天台山有五大特色：一是道佛同山。天台不仅是佛教天台宗的祖庭，而且还是道教南宗的发源地，也是道教十大洞天之一。二是天台是著名的济公活佛的故里。三是著名的寒山子隐居地。四是浙东唐诗之路目的地。五是徐霞客游记的开篇地。

对于天台的这五大特点，说实话，除了后面两点有点陌生外，前面三点还略有了解。我曾对道佛有过一番研究，略知道天台山在道、佛两教中的地位。先说道教的南宗，其第五世祖即北宋时期来自海南的白玉蟾。海南定安建有文笔峰道观，我还应邀参加过海南省史志办公室举办的一场研究会，专门写过一篇题为《白玉蟾逆叛性格初探》的文章，略知道教南宗在白玉蟾之后就失传了，且与江西龙虎山之间有着千丝万缕的关联。至于佛教中的天台宗，可从汉传佛教显宗的8个主要流派中了解其之重要性，特别是在南北朝时五胡灭佛后，天台宗的佛祖智顗带慧辩等20余名徒弟，于陈宣宗太建七年(575年)到天台，结茅成庵，遍植松柏，艰辛开寺，并创立佛学理念。只是没有想到，忽然又与天台相遇，有点意外。

因时间关系，我们在雾雨中只参观了天台山下的国清寺。

国清寺，始建于隋开皇十八年(598年)，初名天台寺，后取“寺若成，国即清”之意改名为国清寺。南宋时，被列为“江南十刹”之一，现存建筑为清雍正十二年(1734年)奉敕重修。全寺总面积7.3万平方米，分为五条纵轴线，正中轴由南而北依次为弥勒殿、雨花殿、大雄宝殿、药师殿、观音殿；还有放生池、钟鼓楼、聚贤堂、方丈楼、三圣殿、妙法堂(上为藏经楼)、伽蓝殿、罗汉堂、文物室等，构成一个拥有2万多平方米、8000余间房屋的古建筑群。寺宇依山就势，层层递高，既有佛教建筑严整对称的特点，又给人以灵活自如之感。

走进国清寺，果然感觉到一种清雅中的沉穆。

游客不多，香客也少，整个寺庙沉寂、寥寞，让人感叹丛生。最为让我激动不已的是，在寺院门口的小溪边上发现了一块石碑，竟然是一行大师的行踪纪念碑。

这一行大师是何许人也?

一行(673~727年)，唐高僧，密宗教理的组织者，天文学家，俗姓张，名遂，巨鹿(今属河北)人。21岁从荆州景禅师出家，旋从高山普寂学禅，后从善无畏、金刚智学密法，又参与善无畏译场，翻译《大日经》。精通历法和天文。与梁令瓒同制黄道游仪，用以重新测定150余颗恒星的位置。发起在全国12个地点进行天文观测，并根据南宫说等一组的测量，归算出相当于子午线纬度的长度。著有《大日经疏》，并订《大衍历》等。相传，武三思独揽朝政时，一行鄙薄三思恶行，为回避武三思笼络而不远千里到浙江天台山国清寺，随一位隐名的大德学习算术。唐睿宗即位之后，曾派东都留守以礼征聘，一行称疾坚辞，却徒步到湖北当阳从悟真律师学习毗尼。一行墓就是为纪念他而建的。

仅看这些资料，大家可能还不太明白，因为我在海南澄迈美榔双塔的研究中，发现了佛教密宗的一些鲜为人知的秘事，对一行大师有了更多的了解。简单地说，一行大师是佛教密宗的第四世祖，前三祖均是来自印度的高僧，密宗是专供皇家修行的。一行大师就是将印度佛教落地转化为汉藏佛教的著名佛教大师。他的弟子、来自日本的空海，学成之后将密宗带回日本，成为现在日本著名的教派：东密。

后来五胡灭佛后，密宗的一些理论秘笈消失在民间了，且历经1000多年，我于2009年在海南对建于南宋末年的佛教祖塔美榔双塔研究中发现其影踪。想不到，在天台，也见到了一行大师行踪的足迹，非常激动！

听介绍，一行的墓就在天台山下不远，可惜因时间关系，我们一行只有匆忙离去。带着遗憾，回首天台，希望有一天能再访天台山，为隐匿于此、被历史淹没的道佛文化尽一点自己的绵薄之力……

天台山其实还有许多珍贵的历史价值未曾被人发现。从古人在此山开道建观立寺，且佛道儒合一而不曾有太多的冲突来看，可以窥测当时的统治者对浙东地区特别是台州在独特地理环境下所形成的台州独特人文性格是非常了解的。台州的历史其实就是一部中华民族南北贯通、迁徙融合的历史缩影。无论是避战乱还是经商，台州的先祖们大部分从北方而来，来自不同地区的移民带来了不同的地域文化，在历史同化异化的漫长过程中，避免不了冲突与对立。天台山的道佛儒文化合同一山，恰巧是各方面文化意识的共识。天台山的道佛二教流传至今，其实就是社会和谐的一个标志与象征。

如今的台州远非过去贫穷时期的民风凶悍，500多万台州人正逢盛世，运用传承而来的杰出经商意识，不仅在浙东而且在全国，正大笔挥写一部属于他们的灿烂历史。100多万台州人以新的姿态奔赴全国各省、世界各地经商，涌现出许多杰出的商贾大亨；同时200多万来自全国各地的外来者在台州创业务工，一个新时代下的文化同化异化似乎正在来临。台州急需要创造出一种新的文化共识，台州不只是出生在此地的所谓本地人的台州，台州应该要以高瞻远瞩的目光构建“新的台州人”的文化概念。而天台山上下的道佛儒三教合一的文化也许是新台州人文化意识的一个重要部分，也是新台州社会和谐发展的历史原动力之一。

因此，希望台州能把这块中华民族历史的文化之瑰宝保护开发、继承光大，使之成为新台州的一张亮丽的城市名片！

浪迹天涯：文章好，风景更好。天台历来素有“神山秀水，佛宗道源”的美誉。

推行虚拟发票，支付宝模式可以复制

http://blog.sina.com.cn/s/blog_4969c6830100m28b.html

周蓬安

我们在著名电子商务企业阿里巴巴参观时，笔者就中国如何全面推行虚拟发票问题，和阿里巴巴副总裁李俊凌先生进行了探讨，也希望阿里巴巴能在推动中国全面实施虚拟发票方面作出自己的贡献。

我们知道，在社会总体诚信度还不够高的情况下，网上购物的安全性就成了交易的最大瓶颈。而由阿里巴巴推出的淘宝网及支付宝系统，其基本模式就是购物人在淘宝网上寻找所要购买的商品，然后先将购货款打入阿里巴巴公司，等收到货物并决定购买后再通知阿里巴巴公司付款；阿里巴巴作为第三方介入，实际上起到了一个担保的作用，这才使大家放心地通过网上付款、放心地发货，最终实现交易。据介绍，淘宝网每天有超过4000万人次的访问量。2009年，淘宝网的交易额超过2000亿元。目前，支付宝注册账号已有约4.3亿个，平均每3个中国人就有一人使用支付宝，每天在支付宝上完成的交易约有550万笔，交易量在14亿元以上。

如此天量的交易量，完全被置于阿里巴巴的监控之下，谁卖了多少、谁买了多少、买了什么、什么时候成交等信息，都一目了然。我以为，这样的模式完全可以被国家税务总局复制到对发票的管理上。

遗憾的是，李俊凌先生没有正面回答我的问题，而是很谦虚地说“隔行如隔山”，并说“如果叫阿里巴巴去卖馄饨，肯定卖不好”。

我理解李俊凌先生的苦衷，因为2010年7月1日国家工商行政管理总局出台的《网络商品交易管理办法》中，有关网店办证的规定曾引起阿里巴巴的担忧；尤其是据说网店随后将要纳入税务管理，网上交易要纳税的

和谐邮政：祝贺周老师取得更多的成就，为企业开出更多、更好的良方，为社会作出更多的贡献！

传闻，更是让阿里巴巴相当焦虑。

其实，阿里巴巴公司大可不必在意税收管理问题。因为目前一些正规企业的网上交易，其实只是他们的另一种销售方式而已，早已纳税；而更多网上售货的自然人，笔者以为，即使国家税务总局今后征税，也会设置一个合理的起征点，绝大多数商户依旧不需要纳税。

而对网店办证，我一直就是强烈反对的。因为交易双方的支付宝，在办理银行卡的时候，就已经通过了实名认证，工商再让他们办证，完全是多此一举。

发票作为税收监控的一个有效手段，一直受到税务部门的高度重视。但“假发票”依然猖獗，尤其是可以抵扣税款的增值税专用发票和货物运输发票，每年因造假而导致的税收损失当在千亿元以上。

此外，税务部门为加强对发票的管理，每年都要投入大量的人力、物力；公安机关为打击发票犯罪，也投入了较多的警力；全国经营户承担的发票印制成本、购置税控设备费用、购买发票需要支付的交通费和人工费等，每年也在百亿元以上；一些不法分子因假发票而受到法律的制裁；一些税务人员因有意帮助企业造假或因发票管理工作渎职而锒铛入狱，导致发票管理成本相当昂贵。

而如果将支付宝模式复制到发票管理上，税务机关就可以在商品及劳务交易中，成为类似于阿里巴巴的角色，将买卖双方的交易行为完全置于自己的掌控之下，涉及发票管理的社会成本即可完全省略，更可以从根本上堵塞因假发票而导致的税收流失，可谓利国、利民之举。

义乌模式，正倒逼税制改革

http://blog.people.com.cn/blog/c3/s45461,w1288844452959585

周蓬安

“鸡毛换糖”的货郎经济，竟在短短几十年间，神奇地发展为拥有总经营面积超400万平方米、6.2万个商位、170万种单品、从业人员超20万的全球最大的小商品批发市场，这就是坐落在浙江义乌的中国小商品城。

中国小商品城背后的庞大产供销体系，不但带动了当地针织袜业、饰品、工艺品、毛纺、化妆品等产业在国内形成行业优势，还带动了全国各地1000万产业工人就业，成为我国最大的小商品出口基地之一，年出口51万多个标准集装箱，有89个国家的2730多家境外企业在此设立代表处，常驻外商超1.3万余名，且联合国难民署、外交部等机构在义乌建立采购信息中心，有55个国家和地区在市场设立进口商品馆，形成了“买全球货、卖全球货”的大流通格局。

更令人惊奇的是，商务部发布的义乌·中国小商品城指数、《小商品分类与代码》行业标准，使全球小商品有了“义乌分类法”，义乌市场这个“世界超市”也因此取得了全球小商品贸易定价、定标话语权，实现了由输出商品到输出标准和规则的飞跃。

而就是这样一个拥有辉煌业绩，为中国经济作出杰出贡献的小商品市场，却存在着一个明显的税法难以与之适应的弊端，造成了税法的尴尬。

按照我国税法规定，在中国境内从事商品批发和零售业，取得一般纳税人资格的，要按照销售货物当期销项税额抵扣当期进项税额后的余额缴纳增值税，税率为17%；而小规模纳税人，则要按照销售额的3%缴纳增值税。此外，缴纳增值税的纳税人，还要按照增值税税额缴纳城建税及其附加，税务部门对查账征收户的应纳税所得额，还要按照25%的税率征收企业所得税；对账证不全的纳税人，按照销售收入核定一个随征率征收企业（个人）所得税，而随征率均设定在1%以上。

由于义乌中国小商品城的经营主体主要为个体，几乎都是小规模纳税人，他们只能按照小规模纳税人缴纳增值税、城建税及其附加，再按照账证不全户缴纳个人所得税。按照中国小商品城2009年市场成交额411.6亿元计算，该市场每年应缴的增值税、城建税及其附加、个人所得税总额，当在16亿元以上。

而由于义乌小商品城是以“量大”、“薄利”优势赢得市场的，其毛利率一直非常低，根本无法满足税法规定的最低税率要求。据介绍，从义乌中国小商品城发出的100支装吸管，毛利仅一分钱，根本无法达到3%的毛利率。那么，如果严格执行税法，交易就无法进行下去；如果抬高小商品售价，以满足税制需求，义乌中国小商品城的优势将不复存在，交易量必然萎缩。

是让义乌中国小商品城继续发展，让繁荣的市场来带动制造业、物流业、旅游业等发展以壮大税收基数，还是严格执行现有税法让义乌中国小商品城萎缩，进而影响制造业的发展？浙江省税务部门已经给出了一个很好的答案。

其实，税法遇到的此类尴尬，在全国各地都普遍、长期存在，几乎所有的批发市场，个体经营者都无法满足小规模纳税人3%增值税税率的征管要求。绝大多数个体香烟零售门面，毛利率都不会超过3%。

面对税法和市场的冲突，税务部门在实际征管中，一般都会采用“定期定额”征收方式，说白了就是一个门面一个纳税期需要缴纳多少税款，然后倒推出一个营业额来。一般情况下，税务部门核定的营业额，要远小于经营户的实际营业额。也就是说，从事批发的小规模纳税人，虽然增值税的名义税率是3%，但实际税率要远远低于这个比例，甚至只是名义税率的1/10、1/100。

税法遭遇如此尴尬，这和依法治国的理念很不相称。而如何避免这一尴尬，在鼓励发展流通业的今天，唯有调整税收政策。

笔者以为，中国税收在持续十几年高速增长之后，有必要停止征收目前小规模纳税人的流转税：一是小规模纳税人缴纳的税款，不会超过税收总额的2%，停收后不会影响政府总的预算，腾出来的征管人员，还可以通过加强稽查力度来弥补损失；二是对小规模纳税人征收流转税，不但征收成本高，还因为“定税”过程中的讨价还价，也给征管人员提供了权力寻租的空间，不利于树立政府形象；三是停征小规模纳税人流转税之后，可以按照小规模纳税人年度个人收入情况，征收个人所得税，让他们继续履行纳税义务。

此外，国家还应该制定一整套配套措施，比如鼓励机关及企事业单位向“一般纳税人”经营户购买商品；要求机关及企事业单位入账必须有正规发票；建立简便的税务部门代开发票机制，代开时按法定税率征收流转税等。

义乌模式从市场建立伊始，就一直在倒逼税制改革，而随着义乌小商品城不断做大做强，倒逼税制改革的力量也必将随之增大。

笔者希望，国家有关部门能真正重视这种尴尬，尽早停征小规模纳税人的流转税，并对目前营业税纳税人中不使用发票的，也一并停征流转税。

民生315：值得研究。
红叶情深：有一定的新颖性、现实性、可行性。
巴山怪人：研究得很深入，建议好啊！

金华，别隐藏自己的精华

http://blog.tianya.cn/blogger/post_read.asp?BlogID=140232&PostID=27622253

椿桦

如果不是去了趟金华，我还以为金华的精华只是火腿！通过两天的走访，我们发现，该市不仅盛产火腿，而且还盛产另一种代步之“腿”——汽车。也不仅是汽车产业发展强劲，金华的影视产业、木制品产业、信息产业、小商品批发产业等，在国内都是位居前列的。

恕我孤陋寡闻，提到汽车产业，首先想到的总是长春一汽、十堰二汽，然后顺便想到上海、广州；提到影视产业，除了无锡影视城、南海影视城，也会想到横店，但有多少人知道横店跟金华有关系呢？至于中国最大的木雕城，我更是闻所未闻。

为了证明不是我一个人孤陋寡闻，我把相关疑问发到微博上，结果显示，只有一个人知道金华有青年与众泰两个汽车集团。我也问了参加这次“人文浙江”专家博客主题笔会的来宾，大家基本上也都是一副对金华“居然有那么多的精华”而惊叹不已的表情。

是浙江人天性低调，不事张扬？是政府的宣传策划意识不强？**不管怎么说，“低调”虽是一种好品质，但不适合商品经济，是与市场社会相对立的东西。**这当然是极为基本的道理，谁都懂。至于怎么去“高调”，恐怕得深谋远虑，将它当成一件大事来抓。

我翻阅了一下相关资料，发现金华的汽车产业不是一般的牛。

资料显示：

以金华市区为中心、半径30公里的范围内，集聚了汽车整车、关键零部件及关联企业1700多家，行业总产值超过600亿元，就业人员近20万人。近几年来，汽车产业发展的增长幅度都在25%以上，涌现了青年集团、今飞集团、众泰集团、万里扬集团、康迪集团等一批行业龙头骨干企业。

拥有如此明显的优势，金华完全可以喊出诸如“金华，新兴汽车城”之类的口号。

但在传媒上，我没有看到过有关这方面的宣传。中央电视台第四频道上，我们经常可以看到一些城市的形象广告，譬如“大连，浪漫之都”，但颇有内涵的金华，在此则显得很是“谦虚”。

同样，坐落在金华的东阳（中国）木雕城，也属那种不看不知道，一看忘不掉的地方。这里是木制品的海洋，是木雕艺术的殿堂，随便在哪个铺位捞起一件木制品，几乎都是做工精湛的艺术品。如果金华人对外声称，中国最漂亮的家具和木制工艺品在金华，我绝对不会认为他们在吹牛。

横店的影视产业已经名声在外了。不过，横店只是一个镇名，没有给金华市带来多少城市形象的附加值。如果在对外宣传时，在“横店影视城”的前面冠以“金华”两字，可以在扩大横店影响力的同时，也为整个金华市的旅游业带来更多机会。另外，金华的影视产业也可以多举办一些博览会之类的活动，譬如打造有影响力、有品牌的电视文化节、电影文化节，甚至还可以借鉴长沙、广州永久承办电视金鹰奖、音乐金钟奖的模式，金华可争取拿下电影金鸡百花奖的永久承办权。

总之，金华的许多精华产业，还是要想办法推广开来，不仅要卖产品，也要卖地方形象。就像一提到瓷器，人们就会盯住景德镇一样，以后只要一提到影视城、木制品，人们就会往金华靠。更重要的是，未来人们去一趟金华，将不只是买正宗的火腿，还可以选购美轮美奂的木雕，观看异彩纷呈的影视作品。金华，可别隐藏了这些精华！

jak3：不错，这份建议提得很生动，也很靠谱。顶！

书记人生：的确，对于金华，我也只知道有金华火腿，其他一概不知。光发展，不展示，是不行的。

对浙江民营经济发展的三大担忧和建议

http://user.qzone.qq.com/117550199/blog/1289541569

刚峰

毫无疑问，浙江省的改革开放30年取得的最直接的成就，就是促进民营经济的蓬勃发展，产生了数以百万计的商人——浙商！浙商的横空出世，验证了浙江改革开放最根本效果的正确性——好的政策能让农民富裕起来。民富省强国壮，这是中华民族几千年来的憧憬，也是几千年来中国普通百姓的梦想！如今，领导者们的憧憬与百姓的梦想，在浙江大地基本梦想成真。这个“真”，就是遍地开花的农民企业家、层出不穷的浙江模式。

居安思危，也许是老祖宗传承下来的士大夫身上的一种天然禀性。面对着汹涌澎湃崛起的浙商商帮，如果细致深入研究其内在的一些共同特征，考察他们所处的地缘政治、经济、市场行业背景，再展望未来的前景，我们不难发现，财大气粗的“炒房团”、“炒煤团”、“炒股团”等一波又一波的浙商商团背后，仍然潜伏着成长的危机。

在台州与政府对话中，我已直言了我的观感。如今，回到海南，闭门思索，还是觉得应该把我对浙江民营经济发展的忧虑说出来。或许是忠言逆耳，或许是危言耸听，肺腑之言仅供参考。

首先，现代浙商的本质，依然还没脱离古代商帮的特征。

古代商帮的本质，其实就是以血缘姻亲和地缘乡谊为纽带连接而成的商业集团，其思想基础是建立在等级观念下的封建意识，组织结构是分工协作、抱团排外的帮会，经济背景是小农经济市场下自我利益的平衡，最大特征就是家族式的管理与继承。

浙商在30年的崛起发展中，从整体态势上我们可以划为三个阶段，或三种标志，或三代人。如果说，以打铁匠出身的鲁冠球、修鞋匠出身的南存辉、临时工出身的汪力成、修理工出身的郑坚江、农民出身的李如成等商人从“三无”的一代变为崛起的第一代浙商领军人物的话，以郭广昌、周晓光、陈金义、宋卫平等为代表的却是以敢于冒险的精神，在混沌中打拼出一条自己的路，则是第二代浙商的时代弄潮儿，而丁磊、陈天桥、江南春等以相继奔赴美国一夜创富的神话故事传奇，成为浙商第三代骄子。也许第三代浙商以年轻、有知识、有学问、擅创新的新浙商形象完全颠覆了人们对其前辈的旧有印象，成为中国年轻一代的偶像。

纵观改革开放30年所崛起的浙商商团，我们不难发现，目前绝大部分浙商老板，依然是出生于“草根”的农民商人。其最初创业的动因都很简单，就是摆脱贫困过上小康生活，从农民或小工商业者蜕变成一代富商，然后成帮成团。他们的身上依然还保持着草根的忍辱负重、坚忍不拔与勤俭节约，保存着精明、能干和敬业精神。

浙商的内部凝聚力、向心力以及认同感、归属感的抱团力，其实是任何能称之为商帮团体的共性特征，所呈现出的排他性、封闭性也是其他商帮最终消亡的根本内因。

浙商家族式的企业，在股权结构、产业调整、战略创新、盈利模式等各方面存在的问题，特别是"富二代"接班人的观念素质等问题，不仅是目前浙江政府担忧的，在台州与民企老板的对话中，深深感觉到这也是这批草根老板的忧虑。浙商民企能否跳出古代商帮旧习俗？

其次，缺少创新，浙商"中国制造"的繁荣难以持之以恒。

胆大的浙江农民在改革开放早期捞到第一桶金，而后在每一次的市场波动中，浙商都能够精明地把握，应时而动，一波又一波的"炒房团"、"炒煤团"、"炒股团"让浙商们性格上的精明特质发挥到极致。"炒"虽然是一门技术，也是一种智慧，但"炒"字的背后，却是一种短视，更是一种不良禀性。在许多草根浙商身上，掩饰不了小富即安等小农意识在文化、观念、战略创新等方面的短视。

有专家指出：浙商大多数成功于先天的商业基因而促成的投资（或者投机）成功以及制造业。在浙江，我们看到大多数企业，是投机型的盲目多元化或者是基于廉价劳动力的低成本制造。

在世界杯期间，浙江朗莎尔维迪服饰公司专门为世界杯定制225万面球迷呐喊旗；义乌30多家企业为各国球迷生产"球迷假发"；浙江上虞盛禾纺织品有限公司为德国客商制造了150万条世界杯赛事专用披肩毯；浙江宁波狮丹努集团为阿迪达斯"贴牌"生产了85万件阿迪达斯德国球迷服……浙江民营企业依靠贴牌生产为生，粗放式增长方式、产品附加值低、研发能力不足，是浙江民营企业的致命软肋。只有制造，没有创造，这似乎是浙江民营经济最现实的困境！

最后，政府在"无为"与"有为"之间如何拿捏"度"？

此行听到政府领导说得最多的是：浙商的崛起得益于各级政府当初的"无为而治"。

"无为"与"有为"，从经济的角度来说，说到底就是政策与市场的辩证关系。无论是唐朝的"贞观之治"，还是清朝的"康乾盛世"，都是在政策的制定上符合经济发展的规律。上升到哲学层面，"无为"与"有为"之间拿捏的度，不只取决于决策者，还与时代所处的民风民情、内外环境等因素有关。但好的政策与制度却是一个时代兴旺的标志。如小平同志提出的改革开放政策，就是适应了社会发展规律的态势。我们目前所处的时代被称为中华民族发展最好的时代。这也正是浙江政府对民营经济管理"无为而治"思想的大前提。

"无为有为"的哲学思想，换成通俗的话来说，就有如红黄绿灯的交通管理关系。交通规则告诉我们：绿灯时通行是安全的，但也是人最多的时候，人多自然拥挤；红灯时没有人通行，要通过很方便，但却要付出代价；而只有把握了红灯转黄灯的那一瞬间通行的人，才是最有胆略的人。

政府的政策就有如对从商的人设置红黄绿灯的时间或制度。我们的政策有个怪圈，政策一严，经济亦死；一松，虽然活，却又乱。浙江政府对民营经济的管理相对于其他省份来说，就是这个制度设计得更人性化些。老百姓说的钱庄，也就是政府说的“民营银行”，就是放在目前海南、广东一带的特区也鲜有，而在浙江却成为一个合法的行当。这不只是“无为”，更是“有为”，这就是浙江“敢为天下先”的勇气！

然而，在大背景下，浙江在政治、经济体制机制领域的改革如何适应新的浙江民营经济的变化与特点，特别是对于浙商群体的普遍问题，如何在“无为”与“有为”之间拿捏好一个度？这不是只靠胆识过人便能完成的，更需要一种更宽广的智慧！

三点建议

此行浙江，无论是与省委书记赵洪祝聊天还是与台州政府对话，感觉他们对浙江民营经济发展中存在的问题还是看得比较清楚，也想得比较明白的。决策层的深思熟虑，肯定比我们走马观花来得更深刻。然而，我还是想提些建议。

第一，浙江对民营经济的管理在“无为”与“有为”之间度的拿捏上，应该跳出经济看经济。浙商的崛起不只是一个经济现象，更是社会政治、经济、文化历史等诸多因素的一个历史与现实的浏览器。在这个不是360度的浏览器界面上，不仅只有浙江历史的纵向，还有黄河长江，甚至琼州与台湾海峡的横向，更有世界五大洲的三维立体空间。需要从观念、意识、价值、取向等各方面有一个全新的思维方式，审时度势制定“有为”的政策。就如我在台州所言，上市并不是解决股权变更的唯一药方一样，民营经济的发展必然有其自然的规律性，企业兴衰更多的由市场决定，过多的引导或引向有时会适得其反。制定尊重经济规律发展的政策，自觉调整上层建筑的结构，转变政府职能，提高市场服务水平等，或许是“有为”的主要工作内容。

第二，政府应该倡导建立一个新的浙商观念。浙江不只是土生土长、讲浙江话的人的浙江，新的浙商应该是一个海纳百川的概念，内涵与外延应该被赋予时代的与新的内容。让来自不同文化背景的商人能在浙江大地生存发展，才有可能在文化的同化异化撞击下产生新的火花，草根的浙商才能在嬗变中进化。

第三，浙江的经济繁荣，要求网络民主化程度亟待提高。此次省委领导与博主网民“面对面”交流，不仅在浙江省内尚属首次，在全国都具有重大影响，不仅提高了浙江亮度，而且许多真知灼见将成为浙江工作的参考。崛起的浙商，特别是“富二代”、“富三代”的年轻人，必将随着历史的步伐步入参政议政的行列。网络不仅是公民参政议政的一个工具，更是社会政治、经济、文化发展的一个缩影。解放思想，转变观念，让浙江的网络民主化走在时代的前列，也许是天下草根网民的最大憧憬与企望！

浙江企业需以全球应对全球

http://luotianhao99.blog.163.com/blog/static/111765349201010192914271/

罗天昊

台州杰克控股集团的成功，对于浙江乃至中国企业的产业转型，颇有启发意义。杰克主营缝纫机，而在台州，缝纫机产量占全国的1/3、全球的1/5，令任何人都不敢小视。

2009年，正是全球缝纫机行业洗牌之际，杰克控股仅仅付出4500万元，就一举跨国收购了价值3亿元的德国拓卡和奔马两家知名企业。这两家德国企业都是德国老牌的裁机制造企业，其中，奔马更是世界三大生产自动裁床的企业之一，在业界享有自动裁床的"奔驰"美誉。杰克由此获得了在全球技术领域的领先优势，实现了产业升级。

中国长期以来的"以市场换技术"战略中，绝大多数行业中的民族企业并未从跨国公司手中获得核心技术。跨国公司不仅不会真正转让核心技术，同时还会用知识产权来抑制相关中国企业的崛起。"市场换技术"策略在很大程度上是一厢情愿的奢望。特别是在汽车行业，在高端车领域，中国几大汽车巨头到现在仍然受制于国外企业。

而杰克的产业升级路径，是对于中国传统的"以市场换技术"的颠覆，开创了"以市场倒逼技术"的模式。同时，杰克并没有通过自我积累，慢慢实现技术升级，走传统的"自我技术创新"之路，亦打破了中国企业对于自主创新的迷信。其实，在很多领域，中国企业并不需要自主创新。这种情况的出现，得益于日益深化的全球化浪潮。

自20世纪80年代以来，全球经济一体化程度不断增强，并表现出两大特点：第一，顶尖跨国公司全球战略布局日渐明晰，逐步向全球资源整合型企业转型，具有强大的整合和利用全球资源的能力。比如IBM公司，其全球采购中心、人力资源中心在中国，而全球研发中心在印度班加罗尔。第二，全球化趋势下，没有哪一个国家或民族可以称自己是最优秀的，可以以一己之力对抗全球。太注重于"自我研发"，实际上是以中国足球队的理念来对抗皇马这种世界级的球队，难以在主流行业获得突破。所谓的"独立自主"，在全球化时代很容易演变为眼光狭隘。

洞察自身在全球中的产业链价值，形成产业、市场、资源的互补，利用全球资源，方为未来的致胜之道。

以浙江的产业特点而言，浙江与广东相比有很大区别。广东很多企业是完全外向型的，而很多浙江企业则是先在内需市场获得优势，然后再逐步国际化，所以，在一个国际化的浙江企业背后，往往意味着已经获得了巨大的本土市场优势。而随着中国成为全球第二大市场，在中国的本土市场优势，往往会成为世界性的市场优势，由此，中国企业庞大的市场优势，亦是很多全球巨头无法绕过去的"坎"。

杰克的战略，可谓典型的"市场换控制权"。中国缝纫机市场的1/3，即是世界缝纫机市场的1/5，如此庞大的市场，是任何行业巨头都不得不看重的。而作为中国行业代表，杰克携市场威力，倒过来控股德国巨头，间接获得技术优势。

而杰克的战略，对很多浙江企业具有巨大的示范意义。**浙江拥有无数的产业集群，很多产业在全球占有重要的地位，通过并购国外巨头，实现对于某一个国际巨头的某一个核心领域的控制，突破以我为主的思维桎梏，利用全球资源，实现“以全球应对全球”的战略发展模式，迅速完成产业升级。**

目前，同在浙江的“吉利”收购“沃尔沃”，即可透视浙江未来产业发展趋势。吉利集团也只有在中国成为全球最大的汽车市场后，才可以携本土的无限潜力，先在终端市场发力，积累到一定程度后，通过并购来获得间接的产业升级，进军高端市场。

在国内，这种发展模式亦日益普遍。远在陕西的秦川机床，其技术以前在国内也算顶尖，但是与国际技术却相差数十年，如果想要在自主研发上赶超，就意味着要把所有的营业收入都扔进去，而且还不一定保证能够实现技术全球领先。2003年，秦川机床以很低的成本收购了美国UAI，后者在机床方面具有几项全球性优势，随后，秦川掌握了机床方面的全球先进技术，海外市场迅速得到发展。

TCL之于汤姆逊、明基之于西门子、联想之于IBM，其实也是这种模式，不过他们的努力并未完全成功。但是，通过并购或者联盟国际巨头，获得先进技术模式，这种尝试仍然具有积极意义。

同时，鉴于浙江中小企业众多，目前尚缺少航空母舰级的企业巨头，浙江企业在抗衡全球巨头的时候，可以实施“以强制强”的战略。

在国内企业中，最有效实行“以强制强”战略的当数云南白药。当年邦迪进入中国后，云南白药逐渐被边缘化，止痛药市场几乎被邦迪一统天下。后来，云南白药将其疗效独特的“白药”，加入创可贴中，与巨头德国拜尔斯多夫、爱尔兰Alltracel先后合作，弥补了云南白药与邦迪在材料方面的差距，以此打败邦迪，成为中国市场新的王者。

新兴经济体内的企业在逐步成长到一定程度时，都将面临一个关口，是被绞杀，还是生存下去，并成长为全球性巨头？当年的日本、韩国、台湾的企业，也曾经遭遇到欧美企业的绞杀，但是，最后很多企业挺过来了，由此跃升为全球性巨头。杰克也是如此。杰克已经是国内缝纫机行业巨头，但是，要与日本重机、真善美，美国胜家等国际性缝纫机巨头同台竞争，借助外力乃是必然。在这种情况下，杰克兼并拓卡和奔马，亦是“以强制强”战略的实践。

全球化给予浙江产业升级以巨大帮助的领域，更在于新兴产业领域、新兴产业，中国与全球发达国家可谓是同时起步。中国庞大的市场潜力，给予了中国企业在全球范围内寻找资源支持的机会与筹码。

由此，在新兴产业领域，一些企业一出生就“风华正茂”。

在太阳能产业领域，无锡尚德借助高盛引入国际风险投资，完成了企业重组，并且完成了海外上市。无锡尚德不仅整合了全球性的资本，更整合了全球资源和市场，所需的硅等上游资源，50%以上来自美国、巴西等国；市场遍布德国、西班牙、美国等地，海外市场占其市场总额的70%以上。从一出生起，无锡尚德就是一个国际化的企业，拥有国际化的资本、国际化的技术、国际化的资源、国际化的市场、国际化的管理。

同样一出生就风华正茂的还有比亚迪电动车。在比亚迪确立电动车为未来重点发展产业之后，立即获得了股神巴菲特的青睐，获得了国际资本的巨大支持。

浙江未来的新兴产业，亦需要借助全球化的浪潮，从高处起步。目前，浙江已经确立九大战略性新兴产业。2015年，浙江省战略性新兴产业产值将超过2万亿元，等于再造一个浙江。浙江金华已经不声不响崛起为汽车产业基地，在未来，新能源汽车领域亦可借鉴比亚迪模式，可以一起步就与国际巨头联合。

浙江需“中端崛起，高端突破”

http://luotianhao99.blog.163.com/blog/static/1117653492010928736237l4/

罗天昊

2010年，中国超越日本，成为世界第二大经济体；同时，中国超过德国，成为全球第一出口大国。改革开放历30年，中国已经创造了“中国奇迹”，亦使“中国模式”成为广泛的共识。自1840年以来的强国之梦，已经隐约在望。

在此情况下，很多人提出中国完成了初步的强大之后，应该走向全球产业链的高端，迅速实现普遍的产业升级。而在此前，“吉利”收购“沃尔沃”，似乎成为中国企业未来走向的注脚。特别是在广东、江苏、浙江等地，普遍掀起了产业升级的浪潮。同时，在地方区域规划中，很多城市都提出了“高端崛起”的方略。

其实，这是一种误区。

就中国在全球产业链所处的位置而言，中国仍然位于全球产业链的低端。全球产业链的转移路线为，从欧美到日、德，为第一次产业转移；从日、德向亚洲四小龙等后起发达区域的转移，为第二次产业转移；而从亚洲四小龙等新兴发达经济体，向最广大的后发国家的转移，是第三次产业转移。

中国的崛起，某种意义上，亦遵循这种规律。改革开放30年的历程，既是中国承接全球产业转移的历程，亦是参与全球产业链获得回报的过程。

中国成为世界第二大经济体，亦存在着严重的隐忧。最为迫切的乃是在产业链上，中国逐步面临“两线作战”的困境：在高端领域，中国的产业升级受欧美等发达经济体的阻击；而在低端领域，中国的全球市场则被印度、越南等后发经济体逐步侵蚀。同时，中国企业在世界体系中，尚未产生具有足够影响力的企业。

在高端产业领域和主流产业，中国企业的产业升级受到核心技术的制约，短期内将难以实现。同时，随着中国逐步“暴露”的实力，全球巨头对于中国企业将逐步产生戒心，从以前的合作伙伴，变为直接竞争对手，正如当年欧美企业对待韩国和我国台湾的企业一样。曾经作为戴尔配件商的宏基，现在已经成为戴尔的“眼中钉”。未来，在汽车领域，中国本土的企业巨头也将成为“欧美师傅”的“眼中钉”。

目前，中国在全球影响最大的产业，主要集中在以鞋袜、打火机、缝纫机为代表的非主流行业，其特点是低附加值、低科技含量。而在低端领域，随着中国国内劳动力成本的逐步上升，优势正在逐步弱化，渐渐被亚洲其他国家所取代，其中尤其值得一提的是印度和越南。

就中国的产业基础而言，中国更需要“中端崛起”。

2009年，娱乐明星赵本山加入长江商学院，其背后的刘老根大舞台等边缘产业，突然之间成为焦点。从前的荒原竟成财富的绿洲，展现了新兴市场丰富、多元的魅力。

在这里，我们看到了中国经济的特点：既是大国经济，亦是新兴经济，产业结构丰富而多层；既有高新产业，亦有传统产业，同时，不断萌生新的产业，涌现灿若繁星的企业，产生创意无穷的商业模式；既有接近世界一流的企业，亦有管理水平很低的企业；既有庞大的资产达千亿的企业，亦有无数草根企业。

同时，中国市场的另一大特点，即以低端消费为主。中国目前国民收入偏低，这种状况决定了在中国，高端产业、奢侈品产业不可能成为主流。

产业结构的多层次性，和以低端消费为主体的庞大国内市场，是中国产业经济的两大特点。中国的产业发展就建立在这两大基石之上。

就浙江目前的现状而言，亦不适合“高端崛起”，而应该是“中端崛起，高端突破”。

浙江经济总量虽居全国第四，但是，浙江的产业经济主体主要集中在传统制造业，而且是以中小企业为主体。这种特征决定了浙江的产业升级长路漫漫。

可以说，**浙江未来的产业发展，首先是实现目前中小企业的升级换代，从低附加值的产业过渡到大众产业，从产业链的最低端延伸到中端。**我们本次走访金华，即发现金华的汽车配件商，很多都开始转型进军汽车行业。金华的制造业转型之路，或可为浙江未来普遍借鉴。

而值得一提的是，美国当年超越英国，虽然技术革新起了重大作用，但是，其最核心的原因乃在于大众消费的崛起。

因为英国有庞大的海外殖民地，其本土恰恰是因为“高端化”，奢侈品消费流行，金融投机比实业更受商人欢迎，最后导致“空心化”；而随着丧失对海外殖民地的控制，失去海外市场的英国迅速衰落。

而美国，正是在南北统一之后，国内消费发达，才造就了其后来居上之势。经过半个世纪的努力，终于雄踞全球之巅。而直到今天，美国不仅拥有很多高端技术产业，大众制造业亦非常发达。进入世界500强的美国企业，大多来自大众消费产业型企业，如通用、IBM等。

鉴于此，无论整个中国，乃至处于先进区域的浙江，仍然需要以满足大众需求为主。中国未来的消费升级，将是从目前的普遍低端消费过渡到大众消费，而对应的产业结构，应该是以大众产业为主体，兼顾高端产业，而中国的制造企业需要诞生一大批进入世界主流的企业。

在未来世界500强排名中，在榜上中国最需要出现的企业巨头在于传统产业。将目前处于世界低端的制造业，发展成具有自我品牌、居于世界主流地位的制造业巨头，才是中国产业经济发展的重点。浙江目前有182家企业进入中国民营经济500强，而中国制造业进入世界500强的却一家都没有，甚至曾经入选的海尔亦出现滑坡，进而退出500强。在未来，如果浙江的182家企业中能够有一批进入世界500强，方为浙江真正强盛的先兆。而目前，万向、方太、吉利等均已隐约在望。

浙江文化产业：从“日照中南”到“日照中天”

http://luotianhao99.blog.163.com/blog/static/11176534920101043714537/

罗天昊

文化产业的发展，除资金外，更需要开放与包容的心态、浓厚的社会文化氛围。浙江要成为文化产业重地，亦需多元开放的整体社会氛围。

文化产业是一种特殊的产业，亦是浙江未来产业突围之大势所趋。

某种意义上说，文化产业的勃兴，往往蕴含在危机之中。

1929年大萧条之后，美国好莱坞崛起；亚洲金融危机之后，韩国电影业崛起，这些异象的出现绝非偶然。从文化角度学而言，社会动荡、生活困苦的时候，人更需要安慰，文化产业的需求遂应运而生。本次国际金融危机中，传统产业遭受了重创，而文化创意产业却保持了逆势增长。最近的《盗梦空间》引发了关于梦境的全球争议，亦使陀螺热销。文化产业已经取代钢铁和汽车，成为新的经济增长的驱动轮。

在中国的国家战略层面，文化产业的振兴，亦成未来大势。从2000年至今，中国文化产业年均增速超过15%。2009年，国务院通过《文化产业振兴规划》；2010年的十七届五中全会则将宣布要“推动文化产业成为支柱性产业”而“十二五”规划中，文化发展目标之一是“实现文化产业增加值占同期GDP比重的5%”，即比现在翻一番。

目前，浙江的文化产业虽有长足进展，但是，与全球主流国家和地区，以及国内先进的文化产业省区比较，仍有比较大的差距。

文化创意产业占GDP的比重，美国是25%左右，日本是20%左右，欧洲在10%～15%之间；中国文化产业增加值于2009年达到8400亿元，占同期GDP比重为2.5%左右。

北京、上海、广东、湖南、云南等省市文化产业增加值占GDP的比重已超过5%，而2009年浙江文化产业产值只占GDP总量的3.2%。

浙江近年来的文化产业发展比较迅速。目前，浙江生产动画片居全国之首，其中，中南集团一家即累计生产动画片12个系列、24部、近4万分钟；推出了国内首部大型原创动漫音乐歌舞剧《魔幻仙踪》，动画片《郑和下西洋》远销非洲、中东等23个国家和地区。横店影视城聚集了327家影视公司，吸引了华谊兄弟等大型影视企业总部搬迁入驻，拍摄了全国1/10的电影。杭州宋城集团成功打造了以《宋城千古情》为核心的宋文化主题公园。2009年，《宋城千古情》全年演出1331场次，接待观众200多万人次，成为世界上单年演出场次最多、接待观众最多的剧院演出节目。距横店一步之遥，东阳（中国）木雕城近年来亦崛起为全国重要的木雕文化产业基地。

浙江的文化产业在全国亦居中上游，不过，作为经济总量位居全国第四的经济领先省份，浙江的文化产业所占比重尚偏低。

浙江的文化产业，目前的困局乃在于

两大缺陷，其一是头重脚轻，其二是一城独大。

就文化产业的龙头企业而言，浙江名声在外。宋城、横店享誉全国，出现了中南集团、宋城集团、横店集团等巨头。但是，民营小文化企业并不发达，大树底下，杂草难生。这与广东等地“杂草丛生”、生机遍地的模式，有很大区别。

同为经济领先省份，广东出现了广州与深圳双雄争霸的局面，而在浙江的文化产业中，体现出了“一城独大”的格局，杭州的文化产业远远领先于其他省内城市。

2009年，杭州文化创意产业实现增加值642.4亿元，文创产业增加值占全市GDP比重达12.6%。而同期北京的占比为12.3%，仅从占比而言，杭州的文化产业已然超过了北京，成为中国内地占比最大的城市。其他文化产业重地如深圳、广州、西安等，均还未超过10%。杭州与北京是中国内地仅有的两个文化产业占比超过10%的城市。

杭州已拥有5个国家级动漫基地，2009年共生产原创动画片35部、1477集、27409分钟，占全国总产量的16%，产量跃居全国第一。杭州已经超越曾经遥不可及的上海、北京、广州、长沙等动漫强市，加冕中国的“动漫之都”。杭州举办的中国国际动漫节被誉为“世界上规模最大、人气最旺的动漫盛会”。西溪创意园、凤凰城文化产业园等均成为孕育文化产业的摇篮。

以“建筑为形，文化为魂”的民营文化企业宋城集团，先后开发了7个主题文化旅游景点，成立了宋城艺术团，被文化部评为国家文化产业示范基地。

在杭州之外，浙江的文化产业乏善可陈，特别是相对于浙江诸多发达的经济重镇，其经济的发展更是与文化产业的发展严重不同步。

在文化大省广东，深圳与广州在经济领域的双雄对峙，亦演变为文化产业的双雄对峙。

2009年，广东文化产业增加值为2270亿元，占全省GDP的6.4%，其中广州与深圳就分别达到了717亿元和531亿元，分别占两市GDP的7.87%和6.5%，两者相加，已达广东全省一半。浙江文化产业占比与经济发展情况不符，很大原因乃是因为除杭州外，其他经济重镇“塌陷”。特别是温州、宁波等重镇，其文化产业占比仅为全省平均水平，潜力远远没有得到挖掘。

浙江是一个文化大省、经济强省，但是却并非文化产业强省，其中原因值得深思。而未来浙江要振兴文化产业，亦需找到努力的方向。

他山之石，可以攻玉。

我们都来看看，全球和国内文化产业发达的国家和城市，其文化产业何以繁荣。

以国家而言，20世纪90年代以来，美国的文化产品出口就超过航空航天工业，成为第一大出口创汇产业。美国的动漫游戏产业同比增长40%，是美国当下唯一呈现两位数增长的产业。

知其雄，守其雌，为天下溪。

有时候，国家或者城市的竞争力，并不在于拥有多少资源，而在于成为资源自由交流的中枢，汇聚全球性的资源。2008年，美国推出一部名为《功夫熊猫》的动画故事片，创造了全球票房奇迹，获得了广泛赞誉。而在熊猫的故乡中国，《功夫熊猫》也受到了广泛的好评。值得注意的是，熊猫的故乡没拍出这么好的片子，但是美国却可以。美国人吸收了中国熊猫文化、功夫文化，加之以本土的牛仔文化、阿甘精神，将古老的功夫故事，改造成现代传奇。这就是汇聚天下资源，融合天下文化的威力。

而作为一个并没有多少历史积淀的国家，美国之所以能够在文化产业领域执全球牛耳，其秘诀就在于其开放、包容、活力的社会特性。

以城市而言，加拿大的蒙特利尔能够成为北美创意中心，与其兼备法国和英国文化，并广泛吸收全球精华的文化背景息息相关。而以自由开放、兼容并蓄、文化融合著称的香港，亦成为亚洲创意中心。特别是香港电影和唱片业，造就了其“东方好莱坞”的美誉。

在国内，北京和深圳是最有代表意义的城市。北京作为首都，自然是包容万象，汇聚全国资源。因此，深圳文化产业的崛起更有说服力。深圳的硬件建设，可谓在国内大城市中居于落后地位。深圳不如广州，更不如上海、北京有那么多的大学，也没有充足的人才贮备；同时，深圳文化产业以民营企业为主，并无国家大力支持。在此情况下，深圳文化产业都能够领先全国，被联合国评为全球第六大、中国第一大“设计之都”。近几年，深圳文化项目共获得462项国际大奖、1364项国家大奖；深圳规划的“钢琴之城”、“图书馆之城”、“设计之都”、“动漫基地”等都已初见雏形。

深圳是中国的一个异数和奇迹，自开埠以来，聚合了全国各地的人口，成为融合中国地域文化的熔炉。深圳是数千年来，中国第一座没有任何地域性的城市，甚至比民国前的上海和香港的格局还要恢弘。

经过数十年发展，深圳形成了自由开放，崇尚竞争，富有激情和创造力，刚健简单，热情博大，包容性强的城市性格。而在内耗和受管制方面，远少于其他城市。

一个开放、包容、热情、充满冒险精神和想象力的深圳，所释放出来的创造力势不可挡。同样，杭州文化产业的崛起，亦得益于其大气与包容。作为江南文化之都，杭州文化底蕴深厚；同时，作为长三角的副中心，杭州并无上海那样显赫的政治地位，因此少了很多社会管制，既是大都市，亦是开放、大器、包容的城市。

杭州多年来居全国省会城市第二位，副省级城市第三位。杭州的市场导向改革起步早，民营企业数量多、实力强，充满发展活力。强大的经济基础，为文化产业的资本来源和工业制造提供了保障；同时，杭州作为中国最佳商业城市排行榜榜首、联合国人居奖得主，以及中国最具幸福感城市，其对全国性人才的吸引力不可小视。蔡志忠、朱德庸、姚非拉等著名漫画家皆落户杭州。杭州可以说是长三角比较大气的一个城市。

日照中南。这是浙江动漫龙头企业中南集团大门上的一副标语，充满了隐喻。

浙江文化产业的发展，某种意义上，正是需要从“日照中南”演变为“日照中天”，从浙江一隅走向全国。一个杭州还远远不够，还需要多个战略支点。在未来，宁波、温州、台州、湖州、嘉兴等经济重镇，现代文化产业还亟需快速发展。

与浙江毗邻的上海有“两中心”战略，江苏有沿海经济区，安徽有皖江城市带承接产业转移示范区，江西有鄱阳湖生态经济区，福建有海西经济区，且均上升为国家战略。而处在“围城”中的浙江，是全国仅有的少数几个没有国家级战略的省份，其唯一的优势即是体制改革的优势，而体制改革体现得最明显的领域就是文化领域。凡是体制领先，社会管制少，民间活力充沛的地方，其文化产业就发达。**在未来，浙江的文化产业特别需要放开民营进入的管制，同时，在扶持部分龙头企业的同时，更需要鼓励中小型文化企业的发展。**

更重要的是，整个浙江需要开放、包容、活力的整体社会氛围，如此，才能造就博大恢弘的气象，汇聚天下资源，砥砺天下志向，融合天下文化。

在本次浙江采风中，我们惊喜地看到了一些好的动态。如台州的一个南官村办起了民间讲座；同时，在观看《宋城千古情》的演出中，我也发现了一个变化，即新版的节目安排，新增了很多内容，比如关于现代杭州的介绍，还有梁祝的故事。这组节目既有传统的宋文化，又融合了杭州当地的江南文化，亦拥抱了现代文化，将三种文化融为一体，自成大家气象。

浙江传统产业转型比转移重要

http://luotianhao99.blog.163.com/blog/static/111765349201010150155287/

罗天昊

生死两妇人，成败一萧何。古人对于一代军事天才韩信人生的概括，亦适用于浙江。

某种意义上说，浙江崛起的过程，就是传统产业兴起的过程。说浙江以制造业立省，毫不为过。而今日浙江的困局，亦是浙江制造业困局的折射。

从国家层面来说，本次“十二五”规划的“调整经济结构”，被寄望于两个方面：其一是传统产业的转型，其二是发展新兴产业。国务院已经确定节能环保、新一代信息技术、生物、高端装备制造、新能源、新材料以及新能源汽车七大战略性新兴产业。浙江方面目前已经确定的九大战略性新兴产业发展领域分别为：生物产业、新能源产业、高端装备制造业、节能环保产业、海洋新兴产业、新能源汽车、互联网产业、新材料产业以及核电关联产业。

不过，据相关方面估计，就全国而言，很多年内，战略性新兴产业占工业总产值比重可能不到10%。尽管潜力巨大，但是从潜力到现实，尚且是未知数。现在出现的一个不好的现象是，各地对于新兴产业蜂拥而上，相反，大有将传统产业当作“落后产能”的趋势。

就新兴产业而言，以太阳能产业为例，现在全球有46个国家将太阳能产业作为未来新兴产业的支柱，而在国内，几乎所有的省市，都将太阳能产业作为未来重点发展的新兴产业。目前，江苏、河北、河南、浙江、江西等已经引领先声，湖北、湖南、福建和海南等也蓄势待发，如此很容易导致新兴产业的同质化。

此外，中国是典型的诸侯经济，什么地方适合搞新兴产业，什么地方不适合，皆非市场自然选择，而是以行政手段规划。同时，国内关卡林立，集中了全球70%的收费高速公路，导致交易成本上升。在此情况下，部分本来有优势的地区，其新兴产业也难以发挥优势。

新兴产业绝对不是救世主，切不可寄托太多期望。欲以新兴产业作为经济发展的动力，更似一种投机主义。

在某种意义上说，新兴产业战略更似整个国家的蓝海战略。但是，鉴于中国庞大的传统产业，以及居民收入普遍不高的现状，在未来中国更需要传统产业的转型。**在蓝**

海成熟之前，还需要以传统产业作为产业基础。

事实上，现在中国传统产业的利润空间很小，未来尚有很大的提升空间。我们用几乎10倍甚至更高的能耗和物耗创造出与日本基本相等的国民财富，如果我们在资源利用效率上能够达到日本一半的水平，就不得了，我们的GDP马上翻番。而在制造业领域，目前平均利润率不到8%，如果国家能够出台工业用地占用税，鼓励并强制企业少占用土地、不闲置厂房，制造业的成本将立竿见影地下降10%以上，或者说制造业创造的财富能够翻倍。

对于更广大的内陆地区而言，未来最严峻的任务可能并非发展新兴产业，而是传统产业的转型与突围。作为一个强大但是却人均收入低的国家，国内民众庞大的内需，仍然需要通过传统产业来满足，这也是传统产业仍然是中国经济支柱的核心原因。

中国目前制造业的困境，并非是制造业本身出了问题，而是社会结构出了问题。由于贫富分化严重，权贵和富豪阶层的奢侈品消费流行，中国以穷国之实，竟然成为全球第二大奢侈品消费大国，这是不正常的。而在另一端，则是庞大的低收入人群所构成的低端消费市场。在此中间，大众消费或者说是中端消费严重匮乏。在内需无法启动的情况下，金融危机所造成的外贸困局，使中国制造业面临两线作战的险地。

坚守传统产业，对于浙江来说，具有非常现实的意义。浙江工业以制造业为主。在全国制造业500强中，浙江占了70家。同时，浙江经济的另外一个特点，是以中小企业为主体的区域特色经济。所谓的传统产业企业主要是指这些民营中小企业，而这些恰恰是浙江的根本，动摇不得的。

与浙江类似的广东，曾一度欲实现“腾笼换鸟”。但是，就目前的情况下，很多地方已经出现了实业衰退、新兴产业也无法崛起的怪局。可谓是两头落空。其中以东莞最为典型。东莞实行“腾笼换鸟”之后，其经济增速从2008年的14.0%，猛降到2009年的5.3%，最近两年经济下滑得厉害，而松山湖高新技术区占全东莞GDP总量的5%都不到。现实让人警醒。

而浙江坚守制造业，虽然会有暂时性的危机，但是从长远来说，却恰恰是正途。2009年，浙江生产总值增长8.9%，在全国范围来说，甚至可以说排位很靠后。但是今年上半年，在实现“保稳促调”后，浙江省经济增长为13%，主要经济指标增幅基本恢复到国际金融危机前的水平，实属不易。而在这种变化的背后，即是实现了传统产业的转型。

在广东省确定要驱赶的九大产业中，我们可以看到，很多是浙江仍然在坚持的传统产业。在广东下达“逐客令”的服装、制鞋、纺织等行业，在浙江同样也曾遭遇困境，但是浙江寻找的出路，不是向外部”转移”，而是从内部“转型”。

传统产业的转型，绝非仅仅是产业升级如此简单。最近几年，中国的纺织企业成批倒闭，遭遇重创，但是浙江的纺织行业却逆流而上。浙江纺织行业产业转型模式值得借鉴。

余杭有一家叫“布老虎”的家纺企业，这个“布老虎”不卖布都卖设计。他们为客户做整体设计安装，布主要靠采购。这家企业的年营业额只有6000万元，但是利润却高达50%，而纺织行业的平均利润则不到10%。布老虎的经历说明，在传统产业一样可以实现微笑曲线。

而另外一家家纺企业“奥坦斯”则依靠市场转移获得了新的发展。奥坦斯本来是以外销为主，外销高峰期超过70%。而在遭遇海外市场重创之后，奥坦斯通过转移，在国内推行千店工程。两年时间，内销竟然占到70%，完成逆转，企业也度过危机，实现了二次飞跃。

在“领带之乡”嵊州，以前的“一根领带打天下”的时代一去不复返，家纺、丝巾、服装等相关产品风起云涌，使产业链更为丰富。而以前致力于专业生产服装的雅戈尔、杉杉等服装巨头，则开始把产业链延伸到纺织制造领域。

而在其他传统产业领域，浙江的产业转型亦值得借鉴。

另一个案例是金华的汽车产业。以前金华的汽车产业主要集中在配件方面，最近几年，金华从配件基地向整车基地进军，涌现出了青年集团等新兴汽车制造企业。这种模式，则是从产业链的低端向高端转移的模式。

对于广大的内陆地区来说，浙江具有重大意义。很多人认为，沿海比内陆发达，故沿海更应该搞新产业，但是浙江却仍然坚守传统产业，通过市场转移，产业链的完善与拓展，在设计与销售领域的提升等方法，实现传统产业的转型。当很多地方认为传统产业已经是“日薄西山”的时候，浙江却让传统产业老树发新芽。

浙江对于中国经济的重要启示之一即是，**在中国仍然需要以传统产业立国，同时加大对于新兴产业的培育，将其作为未来的希望进行布局，而非寄托现实的诉求才是正途。**

浙江经济困境：缺少主流支柱性产业

http://luotianhao99.blog.163.com/blog/static/111765349201010128312196/

罗天昊

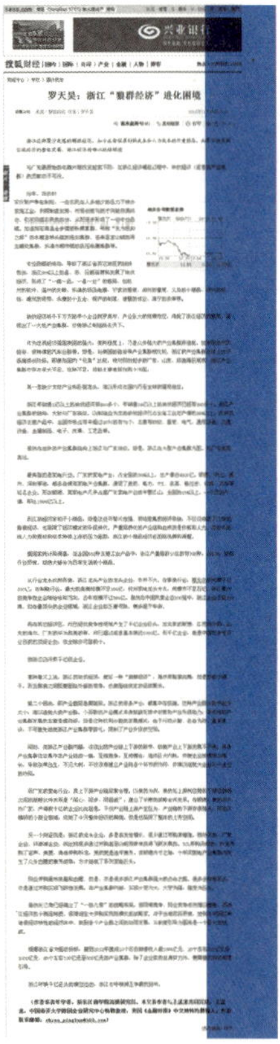

浙江企业以小起步，最后却聚小成大，造就了经济强省。在浙江经济崛起过程中，块状经济或者说产业集群的贡献功不可没。

与广东最原始的依靠外商投资发迹不同，浙江的块状经济发轫于温州等本土型企业。当年，在农村实行联产承包制后，一些农民在人多地少的压力下转办家庭工业，利用制度创新、市场创新与技术突破获得成功，引发同镇农民竞相效仿，从而逐步形成了一些专业镇。如温州苍南县金乡镇的标牌集群、号称"东方纽扣之都"的永嘉县桥头镇的纽扣集群、苍南县宜山镇的再生腈纶集群、乐清市柳市镇的低压电器集群等。

温州产业集群的成功发展，引得浙江省其他地方纷纷效仿，浙江90%以上的县、市、区都培育和发展了块状经济，形成了"一镇一品，一县一业"的格局，涌现出了一大批产业集群，如杭州的软件、温州的皮鞋、乐清的低压电器、宁波的服装、湖州的童装、义乌的小商品、绍兴的轻纺、嵊州的领带、永康的小五金、桐庐的制笔、诸暨的袜业、海宁的皮革等。块状经济将千千万万的中小企业网罗其中，产生巨大的规模效应，成就了浙江经济的繁荣，亦使浙江制造扬名天下。

目前，浙江年销售1亿元以上的块状经济有600多个；年销售10亿元以上的块状经济有300多个。浙江产业集群的结构，大致与广东类似。以制造业为主的块状经济已占全省工业总产值的50%以上。在块状经济主要产品中，全国市场占有率超过30%的有78个，主要有纺织、服装、电气、通用设备、交通设备、金属制品、电子、皮革、工艺品等。

作为世界经济强国，美国的强大在某种程度上，乃是众多强大的产业集群所造就。如美国加州的硅谷、底特律的汽车集群等，均执美国乃至全球之牛耳。

浙江产业集群的发展，寄托着未来的厚望。但是，与美国的硅谷等产业集群相比较，浙江的产业集群总体上处于低端成长阶段。甚至在国内，相对同时起步的广东、山东、环渤海区城市而言，浙江产业集群亦存在很大不足。

浙江的块状经济，目前主要存在三项不足。

第一大弱点，缺少主流支柱性产业，难以形成在国内乃至全球的强势地位。

虽然在总体的产业集群结构上，浙江与广东比较类似，都有300多个10亿元以上产业集群，但是，在最大的产业集群比拼方面，广东却胜过浙江。

最典型的是家电行业。广东的顺德、中山、惠州、深圳等地，都各自拥有家电产业集群，涌现了美的、格力、TCL、志高、格兰仕、创维、万和等知名企业。广东的家电产业产量占全国的30%以上，总产值近4000亿元。在顺德，其家电产量几乎占据广东家电产业的半壁江山、全国的15%以上，一个区的产值即达1500亿元以上。而中山则是中国小家电最为集中的区域。

对比之下，浙江在大型产业集群方面，与广东差距甚远。浙江最著名的两大产业集群是服装产业集群和皮鞋产业集群，其总产值分别为2000多亿元和1000多亿元，其产业集中度不如广东家电产业。浙江的家电产业产值尚不到1000亿元。甚至浙江温州和广东中山曾经同时形成灯饰产业集群，但是，后来温州灯饰产业逐渐衰落，而中山古镇则集中了上千家灯饰企业，成为“中国灯都”。

在广东，由产业集群形成的九大支柱产业占全省工业比重的73%，仅家电产业产值即达到广东总产值的10%，其他如中山古镇灯饰、顺德乐从和龙江家具、顺德和中山家电、阳江五金刀具等，均居全国绝对领先地位。

据国家统计局调查，在全国532种主要工业产品中，浙江产量居前10位的有336种，占63%。但是，就行业而言，绝大部分为日常生活中的小商品。这些行业本来就有分散的特点。

根据浙江省方面的目标，到2012年要建成10个左右销售收入超1000亿元、20个左右300亿～1000亿元、60个左右100亿～300亿元的产业集群。对照现状，任重道远。

第二大弱点，浙江为什么没有千亿巨头？

不提北京、上海、天津等地上万亿级的国有垄断巨头，仅以竞争性行业而言，在其他经济区，均已经出现了千亿级的制造企业。如北京的联想，江苏的沙钢，山东的海尔，广东的华为、美的等，其规模均已超过或者基本接近1000亿元。千亿元企业就是中国竞争性行业目前的顶级企业，在全球亦可居前十。如联想已经成为全球第四大电脑制造商，华为则跃升为全球第三大电信设备制造商，海尔、美的均进入全球前十。

浙江龙头产业的龙头企业并不大。在服装行业，雅戈尔的规模不过200亿元；在制鞋行业，规模最大的奥康不足100亿元；杭州家电龙头方太，规模亦不足百亿。浙江最大的竞争性企业娃哈哈和万向，2009年规模不过500亿元。虽然在中国民营企业500强中，浙江企业占据182席，但是，在最顶尖的企业领域，浙江企业却乏善可陈，更多居于中游。

某种意义上说，浙江的块状经济更似一种“狼群经济”，虽然有群狼共舞，但是却缺少狮子；群狼之间既要面临外部的竞争，也要面临彼此的征战厮杀。**在未来，浙江需要加强各个产业内部的集中度，打造行业巨头群落。**

第三大弱点，产业趋同情况严重。

早年推动产业集群发展的主要是镇政府，由于行政分割、各自为政、重复建设，使产业集群零散化。

同时，在浙江产业群内部，往往出现产业链上下游的脱节，致使产业上下游发展不平衡。大家都想争上游，下游无人问津，最后造成缺位。而在广东的家电行业，上下游产业链非常合理。仅以美的为例，在顺德，美的的外协厂家中，产值数十亿元的比比皆是，不仅产业链上游产生巨头，产业链的下游亦很强大。甚至作为美的代工企业的盈峰集团，一度亦成为家电巨头。美的与上游供应商和下游经销商之间的战略伙伴关系是“同心、同步、同超越”，建立长期的战略合作关系。

而浙江的很多产业集群，往往集中在产业链的一端，互相竞争，互相模仿，造成巨大内耗，亦使企业规模难以增长，导致杂草丛生，不见大树。不仅没有建立产业链各个环节的协同，亦难以造就大企业与小企业的协同。

在未来，浙江从狼群经济到狮群经济的飞跃，有四大路径。

其一是普遍的产业升级。

目前，浙江的很多产业都集中在低端，而这种产业既分散，亦起步太小，难以造就大的产业群。而这种升级，一是靠技术升级，增强创新能力，提高技术含量，实现产业升级换代。此外，还可以进行产业链的延伸。最典型的是金华汽车产业，以前只做配件，现在进军产业上端，整个产业链就更丰富，整车企业的规模当然比配件企业大，如此则整个产业集群可以获得飞跃性发展。

在“领带之乡”嵊州，以前“一根领带打天下”的时代一去不复返，家纺、丝巾、服装等相关产品风起云涌，使产业链更为丰富。而以前致力于专业生产服装的雅戈尔、杉杉等服装巨头，则开始把产业链延伸到纺织制造领域。

其二是浙江需要兼并战争的“暴力美学”。

浙江的龙头企业多是自发性增长，很少通过并购来增速，相对而言，广东企业、环渤海企业则出现很多通过并购，甚至以“蛇吞象”来获得飞跃发展的。TCL并购汤姆逊，科龙并购了容声、美菱。后来，海信又并购科龙；美的更是连年兼并，先后并购了华凌、荣事达、小天鹅。这些行业巨头都在完成了行业的逐步积累之后，在行业成熟期完成并购。在顺德方寸之地，21世纪初期的10年，家电产业集群内出现了众多血腥的兼并战争，方才造就了系列家电巨头。

同业并购虽然残酷和血腥，但是亦是很多浙江产业集群强大的必经之路。行业发展到一定程度，竞争的加剧必然导致兼并的产生，很多全球性巨头亦是通过并购实现飞跃性发展。在产业集群内部，实现小变为大，大变为强，强变为巨头。浙江需要兼并战争的“暴力美学”。浙江呼唤千亿巨头的横空出世，呼唤狮群时代的到来。

其三是产业的协同。

在未来，浙江的几大产业集群之间，潜伏很多相互的竞争对手。台州在汽车产业领域已经先行一步，吉利、吉奥是浙江整车行业的骄傲；而令人意外的是，从前关注汽车配件的金华亦露出水面，开始进军整车行业。未来，台州和金华的汽车大战能否避免？如果金华与台州的关系处理不好，则两大区域性产业集群都将难以持续发展。同时，浙江的汽车产业与同为长三角的上海的汽车产业，亦存在未来竞争。

而在中国这种诸侯经济特性的经济体中，如何做到各个产业群之间的协同发展，将是对浙江的一个巨大的挑战。虽然长三角已经确立了“一核九带”的战略布局，但是同城竞争、同业竞争依然难以避免。

而浙江方面提议的网状经济，其要义即明确不同地区、不同城市在产业链中分工协作、协调协同的方向性安排。但是其实施需要各个地方主体共同参与，这种协调难度较大。

其四是浙江企业治理需要大格局。

就企业性质而言，浙江企业多以民营企业为主。民营经济的崛起，是浙江经济活力的源泉，亦是浙江最可为人称道之处。

不过，浙江的民营企业在企业治理领域存在很大的改善空间。目前的浙商大多属于家族性产业，家族产权的社会化开放度不够，相对的封闭使企业后续经营能力不足，制约了企业的壮大。

几年前，在一个论坛上，方太掌门人茅理翔对施振荣交棒给外人颇不赞同，甚至暗含讥讽之意。而这种现象在浙商身上普遍存在。

浙江的企业治理模式更似日本企业，基本奉行家族治理模式，由创始家族绝对控股，而欧美的企业则已经去家族化。美国的一些社会化程度比较高的企业，创业股东的股份很少有超过10%的，只是相对控股；而在浙江，很多企业的创始股东近乎完全控股。

在中国企业最近10年的发展过程中，出现了一些在企业治理领域实现巨大突破的企业，而这些企业也无一例外获得了飞跃式发展，其中关联大有奥妙。

在完成民营化之后，早在2001年，联想就采取“分槽喂马”的方式，一分为二，郭为与杨元庆各掌一方，庞大的联想系亦开始崛起。今天，联想已经成为中国竞争行业数一数二的企业巨头。在惠州的TCL，李东生早期的“分封制”，则使其手下大将如云，其家电和手机先后在行业内占据举足轻重的地位。在顺德，何享健并没有将权杖交给自己的儿子何剑锋，而是给了“外人”方洪波。正是有了这种扩大治权，给予更多人舞台的举措，才使这些企业能够生生不息，后继有人。浙江很多企业做不到，很多时候就是因为在企业治权领域，选择范围太狭窄，矮子里面拔将军，自然高大不起来。

企业的壮大，不仅需要让更多人参与企业财富的共享，更需要让更多的人参与企业治权的共享。奇异的是，在创维老板黄宏生深陷大牢的几年，困境重重的创维，反而逆势增长，突出重围。这种现象值得浙商的普遍反思。

浙江企业未来要引领中国，甚至崛起为全球性巨头，必须在企业管理领域，做出全球主流企业巨头的价值观和制度安排，不仅实现财富的广泛共享，亦要实现企业治理权的广泛共享，而后者比前者难度更大。同为长三角经济区，地处江苏的苏宁已经基本实现财富与治权的共享，而浙江企业尚长路漫漫。

本次在台州采风时，杰克控股董事长阮德福称自己的儿子不愿意接班，他会将企业治权交给职业经理人。而这种变化，未尝不是浙江未来企业治理的新方向。

浙江、广东、山东的“海洋战争”

http://luotianhao99.blog.163.com/blog/static/1117653492010101283 12196/

罗天昊

海水深蓝，引人神往。

自1500年以来，全球各国逐步将国家战略中心转移到广袤海洋。目前，海洋经济和涉海经济已经占到世界经济总量的80%左右。而迪拜、新加坡等国家和我国香港地区都是弹丸之地，通过开发利用海洋资源，创造了经济社会发展的奇迹，堪为典范。正如《海权论》所言，谁控制了海洋，谁就赢得了未来。在商业时代，亦是如此，谁利用好了海洋资源，谁就占据了未来时代的战略高地。

在已经闭幕的中共十七届五中全会上，“发展海洋经济”亦被提上了议事日程。在国内，也掀起了海洋经济的热潮。辽宁沿海经济带、天津滨海新区、江苏沿海地区、福建海峡西岸经济区、珠海横琴岛和广西北部湾经济区等相继纳入国家战略。

4月中旬，国务院批复山东半岛蓝色经济区、浙江海洋经济发展带和广东国家海洋综合开发试验区为国家海洋经济发展试点区。东部沿海地区将形成完整的沿海经济发展带，被称为中国的“蓝宝石”项链。

2009年，中国海洋生产总值跃升为31964亿元，占同年国内生产总值的9.53%。2010年，环渤海、长三角和珠三角三大海洋经济区实现的海洋经济生产总值占全国海洋GDP的88%，其中，山东、浙江、广东三省占全国的近48%。

而在三地之间，未来必然就海洋经济领域发生重大竞争。三船出海，谁将扬帆行驶得更远？

广东先行一步，浙江暂且居后

目前，三省的海洋经济战略各有目标：山东称要以海洋经济为契机，打造“海陆兼顾时代”；浙江称要发展“东海门户经济”，做大做强海洋产业，加快建设“港航强省”；广东则称要在“十二五”期间使全省海洋经济生产总值占全省生产总值的20%，初步建成海洋经济强省。虽然表述各异，不过，三省对于海洋经济的未来，均雄心勃勃。

就总量而言，广东目前是海洋经济第一大省。2009年，广东海洋生产总值6800亿元，而其全省总产值为39081.59亿元，海洋经济占其生产总值的17.4%。仅从总值而言，广东连续15年居全国之首，占全国海洋经济总量的1/5。海洋经济三次产业结构为3.5∶45.8∶50.7。目前，广东省已形成珠三角、粤东、粤西三大海洋经济区。

在主要优势方面，广东主要集中在集装箱领域。2009年，广东沿海港口货物吞吐量达8.9亿吨，集装箱3277万标箱；深圳港集装箱吞吐量居全球第四。

此外，广东与北部湾区域开展了合作，构建粤桂琼、粤闽台、粤港澳三大海洋经济合作圈。

广东未来的目标是，到2012年，完成海洋经济占比达到20%以上，成为海洋经济强省。

山东省是海洋经济第二大省。山东半岛也是我国最大的半岛，海岸线长3000多公里，占全国的1/6。拥有海湾200余处，其中，优良港湾70余处，2/3海岸以上为基岩质港湾式海岸，是我国长江口以北具有深水大港预选港址最多的岸段。山东半岛与朝鲜半岛、日本列岛隔海相望，是环渤海经济圈和长三角经济圈的接合部，西联黄河中下游内陆腹地。在20世纪90年代，山东即提出了“海上山东”战略，2009年，海洋GDP实现6040亿元，占全省比重为17.9%。中国科学院海洋研究所、中国海洋大学、国家海洋局第一海洋研究所、中国水产科学研究院黄海水产研究所等一大批国内一流的科研、教学机构云集山东，全国海洋科技人才的50%以上在山东，科技进步对山东海洋经济发展的贡献率在60%以上，是全国平均水平的2倍。

山东省的目标是，到2015年，海洋生产总值占全省GDP的比重达到23%左右，基本形成蓝色经济发展模式。山东将重点打造四区：具有国际竞争力的海洋产业聚集区、国家蓝色经济改革开放试验区、具有世界先进水平的海洋科技人才密集区和全国重要的海洋生态文明宜居区。

浙江是陆域资源小省，但海洋面积相当于陆域面积的2.6倍，海岸线近6700公里，居全国之首，海岛数量占全国的4成。2009年，浙江海洋生产总值是3002亿元，占GDP的比重约为13%；海洋三次产业结构比为8.7:40.2:51.1。

在主要优势方面，宁波港口现有万吨级以上深水泊位60多个，集装箱吞吐量接近1300万标箱，已与世界100多个国家和地区的600多个港口通航。宁波—舟山港跻身全球第二大综合港，石化产业、船舶工业产值分别位居全国第四、第三。

战略布局的比较

虽然三省海洋经济强弱有秩序，但是，就未来战略布局而言，其重要性恰恰与目前的既有产业地位相反。

在广东，有21个地级市，而本次培养为海洋经济重头市的，仅有广州、深圳、惠州、湛江和汕头5个，不足全省地市的1/4；而在珠三角传统的9个市中，仅有广州、深圳和惠州3市，占珠三角城市群总数的1/3。

广东虽然是目前的中国第一海洋经济大省，但是，总体而言，广东“陆地经济”的发达，制造业领先全国的地位，使海洋经济的重要性并不显著，海洋经济在广东非主体，在未来亦不可能成为重要的战略产业。这从其布局中可见一斑。

而非珠三角的城市湛江和汕头正是广东东西两翼的中心城市，广东如此布局，某种意义上，是将海洋经济作为东西两翼破局的突破口，而非作为全省产业转型的重点。而湛江和汕头在广东经济中所占比重都非常小，并非固有经济重镇。

山东的半岛蓝色经济区包含了7个城市，分别是青岛、潍坊、日照、烟台、威海、东营、滨州，基本等于是山东半岛以及黄河入海口，这个区域与归属于环渤海经济圈的山东部分地域基本等同。山东众多入选全国百强县区的地方，即诞生于此半岛领域。

目前山东临海经济带呈现出由中心城市带动的梯次发展格局，即一个中心城市（青岛）、三个区域中心城市（烟台、潍坊、威海）、三条产业聚集带；形成了以石油、重化、轻纺、电子、海盐和盐化、滨海农业、海洋港口运输业、滨海旅游业和高新技术产业为依托的临海产业体系。

山东半岛蓝色经济区的战略定位是：黄河流域出海大通道经济引擎、环渤海经济圈南部隆起带、贯通东北老工业基地与长三角经济区的枢纽、中日韩自由贸易先行区。在某种意义上说，半岛蓝色经济区寄托着山东的未来。一直以来，环渤海经济区都被认为盘子太大，北京、天津、河北、辽宁、山东，涉及太多，而山东等地更有“陪太子读书”的感觉。本次半岛经济区的出笼如上升到国家战略，则山东独立发展类似海洋经济区。或者是黄河三角洲经济区，将成为新的战略。

相对而言，最为看重海洋经济的，反是目前实力尚处于三省相对较弱地位的浙江。

目前，浙江海洋经济发展带规划包括杭州、宁波、温州、嘉兴、绍兴、舟山、台州7个市47个县（市、区）。而在这7个城市中，杭州、宁波、嘉兴、绍兴、舟山5个城市均为长三角经济圈成员，温州、台州则为浙江民营经济最为发达的地区，基本属于同一类型，为中国最典型的内生性经济重镇。2009年，这7个城市国内生产总值占全省的2/3以上。

发展海洋经济对于浙江来说，是真正意义上的再造“海上浙江”。在浙江的预想中，发展海洋经济，是完成产业转型的重要途径。一直以来，浙江都没有自己的独立纳入国家战略的区域，而周边的安徽、福建等省，已经有独立的国家战略区域。浙江唯一可能成为国家战略的，即是综合改革试验区，而在这个国家战略中，明确提到了发展海洋经济。

几乎将除湖州以外的长三角成员城市，以及南部最发达的温州、台州，都纳入海洋经济区，足见浙江对于海洋经济的重视。

在空间布局上，浙江海洋经济形成了“一核、两翼、三圈、九区、多岛”的布局。一核，即以宁波—舟山港海域及其依托腹地为核心，打造海洋经济发展的战略高地。“两翼”，即以环杭州湾产业带以及其近岸海域为北翼，以温台沿海产业带及其近岸海域为南翼。“三圈”，即杭州、宁波、温州三大沿海都市圈。“九区”，重点建设杭州大江东、杭州城西科创、宁波杭州湾、宁波梅山物流、嘉兴现代服务业、绍兴滨海、舟山海洋、台州湾循环经济、温州瓯江口九大产业集聚区。“多岛”，即重点开发梅山、六横、金塘、普陀山（朱家尖、桃花岛）、洋山、南田、头门、大陈、大小门、南麂等重要海岛。

产业布局的比较

在三地的海洋产业布局中，不乏同质化的因素，但是，还是存在着显著的差异。

广东以发展港口海运业、临港工业、海洋渔业、滨海旅游业和海洋新兴产业五大海洋产业为重，打造全国先进的石化、造船、钢铁和能源四大临海工业基地。而事实上，这种笼统的说法分解到各个城市，各自的优势是很明晰的。所谓的港口海运，主要是深圳和湛江。临港工业，则主要集中在湛江和汕头等两翼，造船、钢铁和石油基本落户于此。滨海旅游，当然是深圳这样的服务业相对发达的城市。海洋新兴产业，也非广州和深圳这样相对发达的城市莫属。

不过，就当下而言，广东海洋经济真实的布局在于东西两翼，尤其是湛江发展最快。2009年，湛江吸引的央企投资中，宝钢达700亿元，中石化超过1000亿元，钢铁和石油产业投资超过2000亿元，而湛江2009年GDP也不过1000余亿元，等于再造两个湛江。

传统海洋产业仍然是广东海洋经济的主体。而海洋医药、海洋电力、海水利用、海洋工程、海洋新能源等产业尚需时日。

对于浙江来说，发展海洋经济意义重大，亦形势严峻。

虽然同是民营经济的重地，但是浙江与广东存在很大不同。广东还是存在一些大产业的，如韶关等地保持了传统的重工业，经济结构相对多元，抗风险能力亦更大；而浙江几乎清一色的制造业，而且都处于产业链的末端，以小企业为主，抗风险能力不足，在本次金融危机中，众多浙江企业遭遇了巨大冲击。浙江民营经济的体制优势已至极限，需要寻找新的突围途径。

所以，浙江发展海洋经济，存在双重意义，既是未来对于新兴产业的拓展，亦是对于转变目前经济结构的挑战。以位置类似的广东与浙江两地城市比较，同为浙江西南沿海的台州，2009年的生产总值是2000亿元，而海洋产业大约为1000亿元；相对而言，广东西南的湛江却是相反，生产总值只有1000多亿元，临海工业却达2000亿元。

仅此而言，通过海洋经济再造“海上浙江”，隐含着另外一个命题，就是再造一个重工业化、大工业化的浙江，以此中和浙江重化工业和大型企业缺失的局限。

由此，虽然浙江目前在港航服务、海洋生物医药、海水利用方面领先全国，但是，客观地说，这些产业目前尚处于边缘化，形势不明朗。而在传统海洋经济方面，浙江落后于广东和山东。

浙江的未来重点，是发展重型海洋产业，在石化、钢铁、港口、造船、海洋新能源等领域。进行突破，先追求海洋经济的总量，才有资格谈优化结构。

在浙江的东翼，浙江已将宁波—舟山港建成集散并重的国际枢纽港，并建设舟山海洋综合开发试验区，以核电、风电等为主在沿海建设清洁能源示范基地。同时，闻名全国的“服装之城”宁波，亦开始发展石化产业。在世界船舶工业从韩国转移到中国之后，未来宁波的造船业亦应列为重要工业，与湛江和青岛竞争。

而在西线的温台沿海，不似宁波接近上海，有些产业受到限制，可以放开手脚，特别是在石化、钢铁、能源工业领域。目前，台州已经吸引中石油投资1000亿元的项目；在钢铁和造船行业方面，台州亦有新的计划。三门核电站一期、玉环华能电厂、台州发电厂五期等重大电源项目，台州可建，靠近上海的宁波却不一定可以，靠近台湾的福建，靠近北京的山东亦有顾虑。这些都是浙江西线的优势。

在未来，浙江的部分海洋经济重地，如台州，完全可以实现再造。海洋经济的产值，几年后将超过已有经济的产值，实现局部突破。

此外，浙江可以发挥民营经济优势，鼓励民间资本投资海洋新兴产业，实现海洋产业的重型化与新兴产业的合理比例。

山东虽是沿海省份，但是，其产业结构却更似内陆。目前，山东已经成为中国第一工业大省，但重化工业相对偏重，能源消耗较高。山钢（未被合并前的日钢）在全国钢铁行业中举足轻重。鲁能则是中国重要的能源企业。

由于山东本身的重型化，在发展海洋经济方面，不再适宜突出临海工业，而应该以新型产业为主体。虽然石化和钢铁产业已经成为几乎所有海洋经济重地的首选，不可荒废，但是，山东东营本身就有油田，不需要去刻意引进太多项目。作为与日韩最近的经济区，以及北方港口最多的省份，山东可优先发展港口服务业、海洋医药、能源等新兴产业，区别于京津唐经济圈的产业结构，亦是未来山东脱离环渤海经济区，成为中国独立的一级经济区的重要条件。目前，山东的青岛、烟台均已在全国有一定的地位，其未来可期。

第六章

对话·访谈

Ch

Si

apter

6

浙江在线 www.zjol.com.cn

名博专访

http://zjnews.zjol.com.cn/05zjnews/system/2010/10/28/017043462.shtml

王黎婧

葛红兵：一台戏一个产业　江南文化现代版诠释

市场本来就是这么一回事，你得给自己的产品一个文化意义上的概念，一个能够成为市场卖点的噱头。或许你所提出的概念背后有一个故事，带些许情感味道，那么你的品牌就能成为消费者的最爱。

这些话出自上海大学教授、博士生导师葛红兵。葛教授是此次参加“人文浙江”专家博客主题笔会嘉宾中最爱琢磨文化创意的人。来浙采风期间，葛教授语出惊人，给浙江留下了好多新奇的点子。

一台戏一个产业

来杭第一天晚上，专家博主到杭州宋城，欣赏了大型歌舞《宋城千古情》。事后，博主们纷纷赞叹杭州“很有演出实力”，有一个自己的文化旅游新品牌。

有人疑问，《宋城千古情》常演不衰，为什么总有观众跑来看？

葛红兵教授用一句话概括：江南文化的历史韵味在这里得到了现代阐释，这种模式是一个非常成功的范例。葛教授说，现在的《宋城千古情》已是国内旅游演艺行业的领头雁，很好地把握了艺术与市场的契合点，成为我国剧团改革及旅游演艺事业发展的经典参考。

“这台演出一定会走得更远。”葛教授寄语《宋城千古情》。

发展“养生游、购物游”新业态

葛红兵教授多年来致力于文化创意产业研究，对于台州、义乌地区的文化发展，也有话说。

在台州国清寺采风期间，葛教授就提出了一个“养生游”的概念。

葛教授说，目前国内旅游业正向深度游发展。在他看来，宗教资源的开发和利用，还处于初级阶段。因此，开发禅修游、道家养生游、国学修身游等把客人留下住7天，甚至15天的旅游产品，葛教授觉得完全有可能。

到了义乌后，葛教授又开始发挥他的专业特长，提出了一个“购物游”理念。

2007年，葛教授曾经到过一次义乌商贸城。时隔3年后，再看义乌，葛教授发现这座城市的变化太大了。

不过，在文化产业方面，葛教授依旧给了一些建议。他说，这是一个创意产业，如果能把商品购物游发展成一种新业态，那么今后会有更大的增长趋势。

文化的附加值才是产品的灵魂

在义乌商贸城参观新光饰品时，葛教授特别有兴致地和老板谈论着关于产业升级的话题。

很多产品的拥有者总是困惑于这样一个简单的问题：自己的核心产品不论品质还是价格都不次于甚至还优于市场上那些已经叫得响的畅销品牌，而且宣传推广也没少下工夫，为啥就老打不开市场？

“这怨不得顾客，更怨不得市场。”葛教授略带深沉地说。

他给记者举了一个例子：人们只要一想到德芙巧克力，就会联想到那句广告词“牛奶香浓，丝般感受”，似乎这个产品就成了表达爱意的最好方式。那么，新光饰品或其他产品也一样，背后应该有个品牌故事。

葛教授说：简单而言就是，你得给你的产品附加上很多无形的精神，附加上文化的特质，附加上满足消费者心理享受、心理需求的诉求。“产品永远只是一个有形的事物，文化的附加值才是它的灵魂。在商品与商品没有什么差异的市场，最终大家玩的就是品牌，就是让人心跳的东西。”葛教授说。

http://zjnews.zjol.com.cn/05zjnews/system/2010/10/28/017040218.shtml

赵普：一次独特亲近浙江的人文情怀之旅

赵普可以说是本次活动中的闪耀人物，每到一处都会引来不少粉丝追捧。连日来，博主们走访了台州、金华、义乌等地，他对浙江的人文精神有多少高见呢？

这是一次独特亲近浙江的机会

“这是一次独特亲近浙江的旅程。”赵普用“独特、亲近”来形容对此次活动的评价。

赵普说，先前对浙江的山山水水等自然景观印象很深刻，而这次活动是真正让全国各地的博主接触到了关乎浙江灵魂的人文情怀，尤其是对浙江的民营经济感触颇深。

从台州的泰隆商业银行到杰克控股，再到金华的三大汽车集团，以及义乌的国际商贸城……赵普说，通过实地考察，近距离和企业主、员工、当地政府官员沟通，真实了解到了许多新的信息，但同时也有了更多的问号。

疑问在于，浙江台州、金华、义乌等地的民营经济发展速度为何如此惊人。

“也许有人说，是因为勤劳致富；也许有人说，归结于文化底蕴；也有人说，地理优势所致。但是，我想只从一个角度来研究，未必能有最终答案，只有借助其他学术，多角度、多方位思考，才能相对丰富和饱满些。”赵普说，如果有义乌平地起步的精神，其他地方也都会发展起来。

赵普还寄语，浙江的民营经济发展思路，值得和其他地区分享，可以给予信心和鼓励，或许能给未来中国的发展提供一些启示。

“购物天堂”的说法一点也不假

10月27日上午，博主们参观走访义乌小商品城，赵普显得特兴奋。

“平时，在同事的节目间隙经常看到关于义乌的广告，知道这是一个小商品集散地，但是来了之后才是眼见为实，一个感觉：震撼。”赵普告诉记者，这是他对义乌的第一印象。

因为时间关系，来不及一个个商铺地逛，赵普连走带跑地前进。他说，最想买的就是内衣和袜子，用他的原话说是，“为的是贴身的感觉”。

除了给自己购置一些衣物外，赵普还为1岁半的女儿“豌豆”挑选了名为“平安豆”的水晶项链。“我总算是为义乌的发展作了贡献。”赵普的话逗得现场的博主们开怀大笑。

因为工作原因，赵普提前结束了此次浙江采风行程。临行前，他说，义乌是“购物天堂”的说法一点也不假，回北京后会向朋友推介。有机会的话，还要再来。

http://zjnews.zjol.com.cn/05zjnews/system/2010/10/29/017043678.shtml

五岳散人：政府要搭好民营经济的服务平台

知道“范跑跑”的人，一定听说过五岳散人的大名。这是五岳散人博客上影响力最大的一件事，随意一个称呼，一不小心就“红遍”了全球。此次来浙江采风期间，知名博主五岳散人会不会也语出惊人，嘴下不留情呢?

博客的受众远超过一份报纸

据不完全数据统计，目前五岳散人在凤凰网和腾讯网上的博客点击量已经超过了3000万。

五岳散人对博客的盛行说出了自己的看法：“博客就相当于一个中心媒体，向全球人民传递信息，网友自主选择接收，这就是它的发行量。”

五岳散人说，他的博客就像是一张报纸，它的受众可能远远超过一般性的地区报纸，而且还不受地域性、时间性控制。

对于此次活动，五岳散人给予了较高评价。“博客行活动非常有意义，基本上邀请到的每个嘉宾的博客都有上千万的点击量，这是一个多大的受众群体！博主将自己的所见所闻和建议写在博客上，让全国的甚至世界的网民对浙江的经济发展、人文情怀都会有更深刻的了解。”

政府要搭好民营经济的服务平台

“人文浙江”专家博客主题笔会的行程到10月28日就结束了。

回顾几天的浙江之行，五岳散人说收获颇丰。最大的感受是浙江的民营经济模式在全国走在前列，值得探索学习。

“到浙江几个地方走了一遍后，我还是有点惊讶，小城市竟然能将民营企业发展得这么好，很难想象。”五岳散人比较了一圈后，认为台州地区的民营经济发展很有潜力，“实际上民营经济发展模式，是需要政府适当引导、创造条件，提供服务平台。而台州的民营经济发展相对比较自主，有很大方面要归功于政府的鼓励扶持。”

同时，对于义乌市场，五岳散人也发表了自己的看法：“传统文化是最大的束缚，不过义乌人打破了以农业为主的瓶颈，重商、有闯劲，这就成了义乌的一个优势。资本本身是有嗅觉的，只要给予一定发展的空间，就会有无限扩展的能力。”五岳散人期待义乌的未来有质的飞跃。

杭州网

知名专家博主在杭的一天两夜

http://ori.hangzhou.com.cn/ornews/content/2010-10/24/content_3495003.htm

郭媛贞

由浙江省委外宣办、浙江在线新闻网站联合主办的“人文浙江”专家博客主题笔会活动在杭州拉开序幕，来自人民网、央视网、新浪网、搜狐网、网易网、腾讯网、凤凰网、天涯社区的27位知名专家博主和网站相关负责人用一天的时间，参观了凤凰山下之江文化创意园、阿里巴巴集团和中南卡通，近距离感受杭州在经济、文化等方面所焕发的生机与活力。

李红豪：“来这里两天，我的新球鞋竟然一尘不染，在家是一天一换。杭州这座城市里居然有山有水有森林，太惬意了！”

石述思：杭州将成为江南的文化中心。马云是个十年难遇的商业天才。

互联网与文创产业，是杭州经济转型升级的两驾马车，阿里巴巴、之江创意园和中南卡通，就是其中的典型代表。来到位于滨江高新开发区的阿里巴巴总部，博主们对马云如何将一个只有18人的“小作坊”变成拥有2万人的“商业帝国”充满好奇。

“阿里巴巴已经无限接近世界先进水平。马云是中国近十年难遇的天才。他具有与生俱来的构建商业文化的天赋，能够找到实现自己独特的商业价值观的方式，这不是普通人能具备的。”作为时政经济知名博主，石述思已经将阿里巴巴研究得很透，“做商业报道不能不研究马云。阿里巴巴是具有中国特色先进性的企业，还能与世界接轨，这是非常不容易的。”石述思觉得，马云有一半的野心加一半的耐心，才成就了他的雄心。“如果阿里巴巴集团能坚持住下一个十年的洗礼，将会成为中国首屈一指的商业旗舰。”

刚峰：马云和吴建荣是新浙商的典型代表，浙江会成为全国最富的省份。

刚峰认为，浙江人“经商”意识已经延续了千年，无论是阿里巴巴的高科技，还是吴建荣从传统的建筑老板华丽转身，都代表了转型中新浙商的形象，“浙江民营资本的雄厚会让浙江未来成为中国最富的省份”。

虽然只有短短一天，但专家博主们都有一个深切的感受：杭州是个可以聚拢人气的地方，有文化的底蕴，有实干的精神，有敏捷的时代嗅觉。

柴璐：西安与杭州，一个保守，一个开放。

江南的秋天总是湿漉漉的，虽然阴冷，却更能打动人心。很显然，主办方是了解博主们的心思的，特地安排了夜游运河，从拱宸桥到武林门，从隋唐到现代，这是最能极致地体现古运河文化的一段。

凌晨下班，赶早班飞机来杭的中央电视台新闻主播柴璐同样是个古都女孩。一路上，她都在细细品味西安和杭州的异与同。“西安没水，杭州有湖、有河、有江，同时具备这三种水的城市很少。”柴璐认为，西安是一个在城墙里发展起来的城市，这就造就了中原人的保守，比较坚持自己的原则，“但是杭州却非常地开放，兼收并蓄。”

有历史的城市总有相通的地方，柴璐指着一座刚刚经过的桥说：“听说这座桥有600多年的历史，西安也一样，俯拾皆是故事。还有戏曲，杭州有越剧，西安有秦腔，这都是对古代文化精神生活的延续。”

黎明： 开封与杭州，一个粗犷，一个精致。

来杭州之前，黎明特地跑了一趟开封。他认为两地对宋文化的理解和解读有很多不同。

“这也许与历史阶段和南北人的气质及生活背景有关。”黎明觉得，杭州精致、灵秀、怡情宜居，是一个真正雅俗共赏的地方：“有些景色可以一下子就打动人，细细挖掘后，能体会出无穷的意味。”黎明坦言，杭州的这份精致让他这个北方汉子感受得更加深切。“不喜欢杭州的人是不正常的。”说完，他哈哈大笑，继续唱起了高亢的北方民歌。

台州晚报

专家博主为台州发展建言献策

http://paper.taizhou.com.cn/tzwb/html/2010-10/26/node_74.htm

姜宏伟　王霜

台州晚报　台州新闻·纵深　3

“名博对话·民营经济”主题沙龙昨举行

专家博主为台州发展建言献策

“台州的重点民营企业股权重构，其实是推动台州民营制度的更创新。”“台州背山靠海的地势，造就了台州人既扎实稳重，又敢于冲出去冒险的精神。”2010年10月25日晚上，“名博对话·民营经济”主题沙龙活动如期举行。活动采取对话互动的形式，各位名博主纷纷畅谈对台州民营经济的看法、对台州的印象，及台州民营经济面临的挑战等问题。

2008年金融危机，全国很多民营小企业因此垮掉，但台州众多的民营企业仍然屹立不倒。这得益于台州民营企业的审时度势及企业家们的创新精神。

但是，在今后的发展中，台州民营企业还将面临很多的问题与挑战，各专家博主纷纷建言献策。

“台州民营企业要做大做强，甚至在国内外都有极大的知名度，要达到这一点，各企业还需努力。”中国人民大学农业与农村发展学院副院长郑风田说。

“台州是个台风多发的地方，虽然总是遭受台风侵袭，但台州人不屈不挠。这一精神要继续发扬。”央视新闻频道主持人赵普说。

“台州的民营小老板比较多，大多是经过艰苦奋斗成长起来的，但是，由于很多小老板的自身文化水平不高，也有许多陋习存在。”琼台港澳经济合作促进会秘书长刚峰建议，台州的民企小老板应该改变观念，首先提高自身的文化素质，再带动企业长远发展。

此次台州之行，台州民企的发展、台州人敢为人先的精神，给各博主留下了深刻的印象。《工人日报》要闻部主任石述思认为，台州经济的发展，竟然没有体制性的障碍，这真是个传奇。

盛大林：赞赏台州的改革精神

我以前对台州不了解，到这才发现，这里的民营经济这么发达。

除了企业家艰苦创业、敢打敢拼的精神外，台州地方政府对民企的支持也很值得其他地方学习。

例如，在民营银行的发展面临政策瓶颈时，台州市政府有敢闯敢试的改革精神。按规定，农民的宅基地等不能在银行抵押贷款，台州的民营银行却在做这方面的抵押贷款，台州市政府也允许。政府能够先行先试，有利于台州本地民营企业的发展。

政府开明开放的态度，为台州民企的发展提供了良好的土壤。另外，台州地方政府倡导的民营企业、民主政治、民生社会、民办文化这一思路也很好。市场经济条件下，政府就更该扮演这样的角色，为民企服务。同时，这也是我国政府职能转变的方向。

郑风田：佩服台州民企生存能力

台州企业的生存能力尤其值得佩服。我知道，很多老板以前都是做小生意的，有些甚至是给人家补鞋的，但现在都有了大成就。就是因为这些企业家愿意吃苦，通过对各行业的尝试，到各地去做生意，慢慢积累了丰富的经验。

台州有两大汽车企业——吉利和吉奥，这相当厉害。汽车是一个大的产业链，能够带动其他产业的发展，再加上其他民营企业的发展，使得台州民营经济发展迅猛。

李书福借金融危机的大胆一跳，收购了“沃尔沃”，使得浙江、台州、吉利在全国甚至世界出了名，也改变了中国产品一直是“低质”的形象。同时也让大家觉得，台州人不仅能够做生意，而且还能够做大生意。

不过，虽然台州的民营经济发达，但世界性的重量级企业不多。台州甚至浙江都要在如何打造中国知名、世界知名的企业上下工夫，在这一方面，台州甚至浙江都还有很多路要走。

卞洪登：不要扎堆搞生产型企业

台州民营企业的爆发力大得惊人。原本以为台州是后起之秀，经济欠发达，但这次来了之后发现，这里有些工业连发达地区都做不来。而且令我印象深刻的是，台州民营银行的信誉经济做得比较好，可以说是一个创新。

针对吉奥汽车来说，其产品价位低，以最贴近民众生活的价位，在“肉夹铁”到“铁夹肉”的过渡时代里，可以说找到了一条很好的发展路子，也会在未来的市场竞争中占据有利位置。

但民营经济也要防范于未然，学会未雨绸缪，不要扎堆去搞生产型企业，这样的行业总会满的，迟早市场会没了。就像昨天看到的，差不多1公里就有三家缝纫机厂，这是很危险的。所以说要跟上城市化进程，必须实现企业升级转换。

何龙：台州民企注重企业文化

我是从广东来的，广东的民营经济在全国是走在前列的。这次来台州，了解到台州民营经济和浙江民营经济的发展状况，我觉得广东要加油了。

这次参观了台州的民营企业，觉得台州民企在企业文化方面做得很好。给我印象最深的就是泰隆银行的企业文化，企业里设图书馆、茶室等，可以喝咖啡、查阅资料，做得非常细致。另外，吉奥汽车的生产车间里有一些人物表情的标志，也给人很温馨的感觉。

民营企业最大的特点是灵活、务实，因此，企业文化就更应该注重平民化和务实性，淡化政治色彩。比如图书室，就应该是员工图书室，而不仅仅是党员图书室，这样才能够让企业的员工觉得温暖。

黎明：台州民企不要太低调

我觉得人的气质往往决定产业的拓展方式。刚到台州，就在两部宣传片上，两次听到以《出埃及记》作为背景音乐，从这能看出台州民风强悍。台州人有着一种不畏艰难险阻的气质，这与台州民营企业的发展有着很大关系。

另外，我觉得台州市政府采取道家“无为而治”的管理方式，对企业正常生产经营活动不干涉，这种做法十分利于企业成长，因为一个企业哪怕再小，也要对人力资源进行统筹指挥。

在这里我要说的是，民间社会的力量很强大，政府应该顺应其发展，通过民间组织的发展解决民间问题；还要重视文化的重要性，要有能吃苦、敢想敢干的劲头。同时，我建议台州民营企业不要太低调，想要将企业做大做强，就要敢于"高调"，重视声誉、责任的重要性。

刚峰：民营经济崛起是必然

首先，我觉得台州人杰地灵，台州人敢想敢干。虽然是第一次来台州，以走马观花的形式看下来，还是觉得台州的民营经济发展迅速。这是从南宋建都临安（今杭州）后，历史、文化演变的一个必然结果。台州人有很强的商品意识，这还与台州的政策环境、勇于创新的观念有着很大关系。

另外，台州的地理环境催生了民营企业。台州山多地少，促使一部分人外出谋生，培养了台州人敢于闯荡的壮志雄心，加上台州人精明、务实、勤奋的特性，民营企业的崛起是必然的。

但两天看下来，我觉得台州的城市建设不够好，民众的卫生意识不强。一座城市不仅要经济强大，它的气质也很重要。所以希望政府能将自己的家园规划好；另外，还要重视网络的强大作用。

台州商报

名博看台州

http://www.soubaoad.com/newsletter/3682.shtml

李洁

民营经济，人文台州。2010年10月24～26日，“人文浙江”专家博客主题笔会走进台州市，进行为期两天半的采风活动。近20名博主从互联网走到现实中，切身体味台州在转型升级中迸发出的生机活力。本报记者就此采访了其中几位专家博主，看看他们这几天都有哪些所见、所闻、所思，听听他们所理解的台州模式、台州现象以及台州精神的内涵。

石述思：台州官员很低调

“现在觉得，除了外国话难学外，台州话更难学。”在听了众多的台州普通话之后，石述思的一番开场白引得在座嘉宾一阵开怀大笑。

短短的两天时间里，除了被台州企业家的创业之艰打动外，台州官员的行事作风也让石述思颇感意外：“台州的官员不像官员，太低调了，他们更像是用心的服务者。”

“某种程度上说，我觉得考察企业，倒不如考察我们的政府的作为。”石述思说，浙江的企业发展，有三个因素：政府、企业家、传统文化。后两者显而易见，但政府因素却往往会被我们忽略掉，“很多时候，都是企业家在出头，而政府都是在幕后默默地给予政策、金融层面上的支持。台州政府坚持有所为而有所不为，权力的边界划得异常清晰，这点难能可贵。”

石述思说，他此次的浙江之行，有三个关键词：市场、改革、生态。“目前我们的企业正处在一个快速增长的阵痛期，从内部来看，是管理技术的升级；从外部来看，是市场的开拓和生产技术的创新。企业面对新的环境，必然要进行改革，进行转型升级，而走上一条生态的、可持续发展的道路。这必然是未来浙江经济发展的方向。”在台州考察完的第一天晚上，石述思在他的博客里写道。

因此，要想有所作为，就必须创造符合市场经济规律的政

“名博”看台州

台州官员很低调

敢富敢想敢干、抱团取暖的台州人

关注企业对环境的影响

台州企业有世界的眼光

民营企业文化让我意外

要形成真正的企业文化

策环境，为企业家的健康成长铺路搭桥。

“但我还是相信浙江，相信我们台州能在全国领先突围。”石述思说。

周蓬安：欣赏敢想敢干、抱团取暖的台州人

对来自安徽芜湖的周蓬安来说，台州的企业并不陌生。“很多企业在我们那儿都有投资，比如伟星集团。”周蓬安说。在前几日走访了泰隆、杰克和吉奥等众多民营企业后，他对台州的民营企业家表现出由衷的欣赏和赞扬。

“台州人敢想敢干。吉利、杰克在金融危机时大胆出手，收购外国知名企业，能看出台州企业家眼光的长远、准确和果断。能吃苦的精神亦让台州人在成功的路上更进一步。”周蓬安说，“更重要的是，台州人之间有一种抱团取暖的精神，企业之间相互依托、相互合作，形成良性竞争，共同发展。这是我很欣赏的。”

在欣赏企业家的同时，对于台州宽松的从商环境，周蓬安也表现出赞赏。“参观那么多的企业，我更注重的不是企业本身，而是政府在政策层面给予的支持。”周蓬安告诉记者，台州乃至整个浙江，政府为企业创造的环境值得肯定，“若政策宽松、基础设施完善，优越的环境自然会带来资金、技术上的投资。而目前这种好的投资优势在浙江表现得很明显。”

采访中，周蓬安也提到，在发展民营经济时不可避免会遇到企业家族化问题，如何让企业向现代企业管理模式转化是台州民营企业家应该思考的问题。

赵普：台州企业有世界的眼光

一头利落的短发，一袭黑色的风衣，央视著名主持人赵普风尘仆仆地赶来台州参加本次活动。他采风的第一站便是台州的杰克控股集团。

在杰克走访期间，赵普甚少发言，但从他的微博中可看出此行受到的触动良多，一个半小时内，连续更新了5条微博，内容都是关于此次台州之行的心得。

“几个补鞋匠何以成就大企业？这在浙江台州不是孤例，而是一种现象。”赵普在微博中说道。

“短短20年间，杰克从最初的小作坊式，到稍具规模的家族企业，再到兼并德国同类企业，特别是在向现代企业制度的转变过程中，放弃家族企业制，请职业经理人担任法人、总经理等重要职位，这是怎样的一番惊心动魄的历程呢？”赵普深有感触地对记者说。

“这可以看出，台州企业家不甘于做地方企业家，他们一开始就把自己定位得很高。他们有世界的眼光，并像世界著名的企业家那样，追求梦想并最终达到愿景。”企业员工待遇的问题也让赵普一直牵挂着。采风期间，赵普喜欢找员工聊天，打听他们的生活条件，了解工资状况。

严建设：要形成真正的企业文化

喜欢拍照，每天几乎相机不离身；喜欢写博，一年1000多篇的原创帖子，今年50多岁的名博严建设给人的感觉不是犀利的批判，而是平实的诉说。

“惊讶于台州民营企业的发达，无论是制造业还是银行。”严建设说。

在与严建设的聊天中，企业文化是他说得最多的。严建设说：“企业之所以需要企业文化，其实是要找到一种沟通的方式，去弥补局部的不合，淡化矛盾，解决矛盾。如果所谓的企业文化不能发挥其作用，那只是一场空谈。”

他认为，企业文化的精髓应该是一种温馨的亲情，在于人与人之间的沟通。辐射的范围不仅仅是企业员工之间、上下级之间，还应该包括员工乃至企业家自身的家庭。“台州民营经济在发展，但发展的过程中，台州企业家是否会因为工作而忽略了自己的家庭，从而与子女产生代沟？”严建设说。在企业文化表面化严重的今天，如何让企业文化有深度？那就要找到它的根。

“说起来容易做起来难，要形成真正的企业文化，需要有经验的文化人的指导。但企业的精力有限，要形成这种氛围，还需要很长时间。”

盛大林：民营企业文化让我意外

离下午活动开始还有不到半小时的时间，盛大林更新了他的新浪微博：上午参观台州杰克集团，并与集团董事长阮福德等座谈。午饭后接受了《台州商报》记者的采访，谈了对台州及浙江的印象。这是盛大林参加“人文浙江”活动以来首次更新微博。

盛大林关注台州的民营经济已久，但首次亲身体验台州的民营企业文化，还是让他大呼意外。台州民营企业家干事创业的拼搏精神十分感人：“这种精神没有过时，特别是当下，他们敢于从传统的家族式企业向现代企业制度转变的勇气和胆量，很了不起。这也是台州的民营企业始终走在全国前列的重要原因。”

“要给农民贷款，但农民拿什么抵押呢？这是一个全国性的难题。却听到台州银监会的负责人说，在台州，农民能够用自己的宅基地作抵押贷款。这在全国也是走在了前列，很了不起。不少政府畏畏缩缩，但台州政府就敢冒这个‘风险’。其实，只要符合自身的发展方向的，对经济社会有好处的，有何不可呢？”

五岳散人：关注企业对环境的影响

五岳散人说，几天的参观，让他对民营经济有了深刻的认识。“民营经济是中国经济发展的希望之所在。”

以往到一些城市、一些企业参观，只听到接待的官员说自己管理得如何好，这一次却听到政府说自己什么都不做，属于“无为而治”。这一路参观下来，他感慨颇多。“只有真正的市场经济才能具有真正的活力。政府不是经济的主体，而仅仅是服务者。可以看到，这种‘无为’反而促进了企业的发展。”

在说到台州企业家时，五岳散人说，创业、开拓的精神毋庸置疑，在参观中他也看到了龙头企业的带动效应。“比如杰克，作为龙头企业带起了周边相关配套产业的发展，解决了众多人的就业问题，这一点是值得肯定的。”

除了经济效益，企业的发展对环境的影响也是他关注的焦点。“台州属于制造业发达地区，制造业的发展往往会带来环境问题。如何将环境损害减到最小，企业该多思考。”

五岳散人也认为，在发展的过程中，难免会出现问题。“台州企业目前在县区规划上还未形成集聚的工业模式，小工厂比较零散，但这只是阶段性问题，相信解决是迟早的事。”

浙中新报

名博义乌采风
感受“拨浪鼓文化”魅力

http://www.soubaoad.com/newsletter/4033.shtml
王旭航

知名专家博主一行来到义乌，参观了义乌国际商贸城。他们将把自己在义乌的所见、所闻、所思、所感写在博客上，向网民展示他们眼中的义乌。

赵普：要“贴身”感受义乌

赵普广为人知，源于他的真性情。2008年在直播汶川地震新闻时，他一度哽咽难言，被网友称为“最感动中国的央视主播”。这次跟随“人文浙江”专家博客团来到义乌，又让人见识了他率直、幽默的一面。

在接待晚宴上，同行的一名博主调侃地说：央视主持人就是不一样，不仅说话速度快，而且流利又在理。赵普听了哈哈大笑：“我是‘三快’：吃饭快、走路快、如厕快。”率直可见一斑。

专家博客团参观了义乌国际商贸城。当记者问他来到义乌的感受时，赵普又有了《朝闻天下》里的主播范儿，开口字正腔圆，双眼炯炯有神。他说：“义乌的市场和民营企业如此发达，而再看看中西部地区，这是同一个国家吗？可这的确是在同一个国家，但怎么会有这么大的差距呢？这是一个值得思考的问题。义乌市场、民营企业的兴起与壮大，以及义乌精神，都是很值得学习、探讨和研究的。”

来义乌之前，赵普就准备买点东西回去，所以参观国际商贸城时，他逛得很仔细。在天然居饰品馆，赵普买了4颗玉制的小豌豆。当别人问他为什么要买豌豆时，他回答：“因为我的女儿小名叫豌豆。”“那为什么叫豌豆呢？”同行的人追问。“因为我喜欢吃豌豆。”赵普的回答把在场的人都给逗乐了。路过浪莎专卖店时，赵普进去买了袜子和内衣，他跟旁人说：“来义乌就是要买袜子和内衣。”旁人点头回应，以为赵普接下去会细说义乌的这些知名行业，没想到他的幽默回答又让人大笑了一把：“因为我要‘贴身’感受义乌。”

知名专家博主义乌采风
感受"拨浪鼓文化"魅力

五岳散人：义乌让他惊讶

"范跑跑"知道不？这个词就出自五岳散人之手。这是五岳散人博客上影响最大的一件事，一个随意的称呼，一不小心就"红遍"了全球。

说到不能说为止，这是五岳散人对自己博客中时事经济评论的界定。作为长年混迹于网络的知名博主，在各大论坛网站都拥有为数众多的网友、"粉丝"。在国际商贸城参观时，他就碰到了一名网友。刘茜是新光饰品的员工，平时很喜欢看五岳散人的博客，经常在微博上发言。她见到五岳散人时感到很意外。用五岳散人的话说：就好比是他乡遇故知，在义乌也能碰到我的网友。不过这也反映出五岳散人博客的"威力"。

"作为网络媒体，它的社会影响力还在不断提升。"五岳散人对博客的盛行说出了自己的看法，"就我自己而言，我在凤凰网和腾讯网上的博客点击量就超过了3000万，而且还有其他很多网站在转载。我的博客就像是一张报纸，它的受众远远超过一般性的报纸，而且还没有地域性。我们来的这些人，基本上每个人的博客都有上千万的点击量，这是多大一个受众群体啊！博主在参观后，将自己的所见所闻和建议写在博客上，全国甚至世界对义乌都会有进一步的了解。"

五岳散人说，来到金华、义乌参观后，他感到很惊讶，一个小城市竟然能将民营企业发展得这么好，这在大城市都是很难想象的。对义乌市场，他也发表了自己的看法："传统文化是最大的束缚，不过义乌人打破了以农业为主的瓶颈，重商、有闯劲，这成了义乌的一个优势。资本的融合是非常自然的过程，但是融合需要空间，而义乌市政府恰好给了这个空间，使得民营企业能发展得这么好。如果按现有状况继续提供平台的话，义乌将会有更大的飞跃。"

刚峰：要加强人文建设

刚峰的祖籍在江苏，小时候在江苏老家时常看到义乌人摇着拨浪鼓走街串巷，所以他对义乌有着一定的认知。

参观完国际商贸城后，刚峰说了三个"想不到"来表达他首次到义乌的感受。第一个"想不到"是当年走街串巷、贫穷的义乌人能在30年间建起这么大的市场，还是如此的国际化和专业化；第二个"想不到"是义乌市政府理念的转变，向市场倾斜，为市场服务；第三个“想不到”是义乌市场客流有序，跳出了以往车马人流拥挤的传统，发生了华丽的转变，以更高端的电子化来进行商业贸易。

在参观国际商贸城时，刚峰不仅跟商户交流，还跟过往的采购商甚至是外商进行交流。科尔巴是土耳其人，想来义乌寻找商机。刚峰在向他了解了情况后，提出了自己对义乌的意见：“义乌应该继续加强人文方面的建设。”刚峰说，来义乌后看得最多、听得最多的就是经济。现在越来越多的国内外商人涌入义乌，义乌应该以更加包容的心态来接受他们，包括文化、宗教信仰等方面。

“高手来自江湖，智慧来自民间。我们代表的就是民间的声音。政府这么重视这次采风活动，就是想听听群众的意见。”与刚峰一同来的近20名专家博主，他们的博文在网上总共加起来有6亿左右的点击量，刚峰也希望能通过他们的博客让更多的人了解义乌。

严建设：义乌人热情、低调

在整个参观过程中，最忙的就是他。严建设爱好摄影，他的博客都是文图结合，所以他总是在忙着拍照片。“我就喜欢随拍，自然，不加修饰。”他说，照片能给人直观的感觉，更是一种记录。

刚来到义乌，问起严建设对义乌的印象时，他说，他不知道对义乌有什么感受，得先好好地逛一下再说。逛完国际商贸城，严建设没有忘记，回答了记者前一天的提问：“义乌人热情、低调。”原来，早上从宾馆出来时，他的皮带坏掉了，为了不耽误行程，打算在国际商贸城买一条。“边走边问，他们都很热心地给我指路，有人还说陪我过去。”终于找到了一家卖皮带的店，结果被告知不零售，但店主在了解情况后，送了他一条。

祖籍浙江的严建设告诉记者，他对浙江向来就很有好感。“义乌人低调谦逊。通过这次活动，我们会将在义乌的所见所闻发到博客上，让更多的人了解义乌。”他说，浙商在全国各地大致占有半壁江山，闯荡世界各地，到处都能看得到“MADE IN CHINA”，到处都有浙江人的工厂和店铺，义乌就更加不用说了，逛逛商贸城就知道了。

图书在版编目（CIP）数据

名博说浙江 / 中共浙江省委对外宣传办公室编. —
杭州：浙江人民出版社，2011.4
ISBN 978-7-213-04493-9

Ⅰ.①名… Ⅱ.①中… Ⅲ.①浙江省—概况 Ⅳ.①K925.5

中国版本图书馆CIP数据核字（2011）第054029号

书　　名	**名博说浙江**
作　　者	中共浙江省委对外宣传办公室 编
出版发行	浙江人民出版社
	杭州市体育场路347号
	市场部电话：（0571）85061682　85176516
责任编辑	洪晓
责任校对	戴文英　朱志萍
封面设计	顾页设计工作室
电脑制版	杭州富春电子印务有限公司
印　　刷	杭州富春印务有限公司
开　　本	787×1092毫米　1/16
印　　张	13.5
字　　数	30万
版　　次	2011年4月第1版·第1次印刷
书　　号	ISBN 978-7-213-04493-9
定　　价	48.00元

如发现印装质量问题，影响阅读，请与市场部联系调换。